VIATGE A L'ISLAM
una guia pas a pas per abraçar la fe

Índex

Introducció 1

Entendre l'Islam 2

Per què convertir? 6

Autoreflexió 9

Recerca i aprenentatge 12

Trobada amb musulmans 16

Entendre l'Alcorà 20

La vida del profeta Mahoma 24

Pràctiques i rituals islàmics 28

Shahada - Declaració de fe 32

Purificació i pregària (Salah) 35

Dejuni (deu) 39

Caritat (Zakat) 42

Pelegrinatge (Hajj) 46

Lleis dietètiques 49

Vestit i Modestia 52

Rols i relacions de gènere 56

Etiqueta i costums islàmics 60

Vida familiar 64

El matrimoni a l'Islam 68

Estudis avançats de l'Alcorà 71

Estudis de Hadith 75

Història islàmica 78

Llei islàmica (Xaria) 81

Sufisme i espiritualitat 84

Tractament de dubtes i preguntes 87

Tractament de l'oposició 90

Mantenir la fe en un entorn no musulmà 93

Formació continuada i creixement 95

Persones famoses que es van convertir a l'Islam 98

Conclusió 100

Avís de drets d'autor

Introducció

Convertir-se a l'Islam és un viatge profund i transformador que inclou no només un canvi en les creences religioses, sinó una reorientació holística de la vida. Aquest llibre, "Viatge a l'Islam: una guia pas a pas per abraçar la fe", està dissenyat per guiar-vos a través d'aquest viatge amb claredat, compassió i coneixements exhaustius.

L'islam, una de les religions més importants del món, ofereix un ric marc espiritual i ètic que ha estat acceptat per milions de persones a tot el món. Comprendre l'essència de l'Islam, les seves creences bàsiques i les seves pràctiques és el primer pas cap a aquesta transformació espiritual. Aquesta introducció us proporcionarà una visió general del que implica l'Islam, la importància de la conversió i l'impacte que pot tenir en la vostra vida.

Aquest llibre té com a objectiu abordar les vostres preguntes, alleujar les vostres preocupacions i proporcionar orientació pràctica mentre exploreu i, finalment, abraceu l'Islam. Inclou històries personals d'aquells que s'han convertit, oferint perspectives i experiències diverses que reflecteixen la naturalesa polièdrica d'aquest viatge.

Tant si busqueu una connexió més profunda amb allò diví, un sentit de comunitat o respostes a les preguntes profundes de la vida, aquesta guia us servirà com a full de ruta. T'ajudarà a navegar per les etapes d'aprenentatge sobre l'Islam, preparar-te per a la conversió, integrar les pràctiques islàmiques a la teva vida diària i créixer espiritualment dins de la fe.

Embarcar-se en aquest camí requereix sinceritat, obertura i voluntat d'aprendre i créixer. Amb aquest llibre, no estàs sol; formeu part d'una comunitat més àmplia d'individus que han fet passos similars i teniu el suport i els recursos per guiar-vos en cada pas del camí.

Entendre l'Islam

L'islam és una de les religions monoteistes més importants del món, amb més de mil milions de seguidors a tot el món. És una fe arrelada en la creença en un sol Déu (Al·là en àrab) i es caracteritza per un estil de vida integral que engloba tant les pràctiques religioses com la conducta quotidiana. Per entendre l'Islam plenament, cal aprofundir en les seves creences bàsiques, pràctiques, història i el profund impacte que té en la vida dels seus seguidors.

Al cor de l'Islam hi ha la creença en la unitat de Déu, coneguda com Tawhid. Aquest concepte fonamental afirma que Al·là és l'únic creador, sustentador i governant de l'univers. Al·là és únic, sense socis ni iguals, i posseeix tots els atributs perfectes. Aquesta creença en la unitat de Déu configura tots els aspectes de la vida d'un musulmà, fomentant un profund sentit de devoció, humilitat i responsabilitat.

La segona pedra angular de la creença islàmica és l'acceptació de Mahoma com l'últim profeta i missatger d'Al·là. Els musulmans creuen que al llarg de la història, Al·là va enviar nombrosos profetes per guiar la humanitat, com Adam, Noè, Abraham, Moisès i Jesús. Mahoma, considerat com el "Segell dels profetes", va rebre la revelació final, l'Alcorà, fa més de 1.400 anys a la Meca i Medina, regions de l'actual Aràbia Saudita. L'Alcorà, considerat la paraula literal de Déu, és fonamental per a la fe i la pràctica islàmiques. Proporciona orientació sobre tots els aspectes de la vida, des de qüestions espirituals fins a qüestions socials i legals.

Els cinc pilars de l'islam són les pràctiques bàsiques que defineixen la fe i les accions d'un musulmà. Són:

1. **Shahada (Declaració de Fe)** : La Shahada és la professió de fe musulmana, que diu: "No hi ha cap déu més que Al·là, i Mahoma és el seu missatger". Aquesta declaració és el punt d'entrada a l'Islam i s'ha de recitar amb creença sincera.

2. **Salah (oració)** : els musulmans han de fer cinc oracions diàries a hores específiques: alba (Fajr), migdia (Dhuhr), mitja tarda (Asr), posta de sol (Maghrib) i vespre (Isha). Aquestes oracions serveixen com un enllaç directe entre el adorador i Al·là, fomentant la disciplina, el creixement espiritual i el sentit de comunitat entre els musulmans.

3. **Zakat (Caritat)** : l'Islam posa l'accent en la justícia social i la cura dels menys afortunats. El zakat, una forma obligatòria d'almoina, requereix que els musulmans donin una part de la seva riquesa (normalment el 2,5% dels seus estalvis) a aquells que ho necessiten. Aquesta pràctica purifica la riquesa, redueix la desigualtat i promou la solidaritat.

4. **Sawm (dejuni durant el Ramadà)** : durant el mes islàmic del Ramadà, els musulmans dejunen des de l'alba fins a la posta de sol. Aquest dejuni inclou abstenir-se de menjar, beure, fumar i relacions matrimonials. Sawm ensenya autodisciplina, empatia pels famolencs i gratitud per les benediccions.

5. **Hajj (Pelegrinatge a la Meca)** : Tots els musulmans que siguin capaços físicament i econòmicament de fer el pelegrinatge a la Meca almenys una vegada a la seva vida. El Hajj té lloc durant el mes islàmic de Dhu al-Hijjah i inclou una sèrie de rituals destinats a simbolitzar la unitat de la ummah (comunitat) musulmana i la submissió a Al·là.

Més enllà d'aquestes pràctiques bàsiques, l'Islam engloba un sistema legal i ètic complet conegut com a Sharia. Derivat de l'Alcorà i l'Hadith (les dites i les accions registrades del profeta Mahoma), la Sharia ofereix directrius sobre tots els aspectes de la vida, inclosos els assumptes familiars, les transaccions comercials i la justícia penal. La Sharia té com a objectiu promoure la justícia, la misericòrdia i el benestar de la societat alhora que assegura que els musulmans visquin d'acord amb la voluntat d'Al·là.

L'espiritualitat islàmica està profundament entrellaçada amb aquestes pràctiques i creences. El sufisme, o misticisme islàmic, representa la dimensió interior i espiritual de l'islam. Els sufís busquen una experiència directa i personal de Déu a través de pràctiques com el dhikr (record d'Al·là), la meditació i l'ascetisme. Les ordres sufís, o tariqas, sovint es formen al voltant dels líders espirituals que guien els seus seguidors pel camí cap a la il·luminació espiritual i una comunió més estreta amb Al·là.

La història de l'Islam és rica i complexa, començant amb la vida del profeta Mahoma al segle VII. Després de rebre la seva primera revelació d'Al·là a través de l'Àngel Gabriel, Mahoma va començar a predicar el missatge del monoteisme i la justícia social. Malgrat la resistència inicial i la persecució, l'islam va anar guanyant adeptes i va establir una comunitat forta a Medina. A la mort de Mahoma, es va establir el sistema del califat per continuar el seu lideratge, donant lloc a la ràpida expansió del domini islàmic per l'Orient Mitjà, el nord d'Àfrica i més enllà.

Al llarg de la història, la civilització islàmica ha fet contribucions significatives a diversos camps, com ara la ciència, la medicina, les matemàtiques, la filosofia i les arts. L'edat d'or islàmica, que abasta aproximadament els segles VIII i XIV, va veure avenços notables i floriment cultural. Estudiosos com Al-Khwarizmi (el pare de l'àlgebra), Ibn Sina (Avicena, pioner de la medicina) i Al-Ghazali (un reconegut teòleg i filòsof) van tenir impactes duradors que van ressonar molt més enllà del món musulmà.

En l'època contemporània, l'Islam continua sent una fe dinàmica i diversa, practicada per persones de diferents cultures i procedències. La comunitat musulmana global, o ummah, abasta una àmplia gamma de tradicions i interpretacions. Sunnita i xiïta són les dues branques principals de l'Islam, que difereixen en certes perspectives teològiques i històriques, especialment pel que fa a la successió legítima del lideratge després de la mort del profeta Mahoma. Malgrat aquestes diferències, tots els musulmans comparteixen un compromís fonamental amb les creences i pràctiques bàsiques de l'Islam.

Entendre l'Islam també implica reconèixer els seus valors de pau, compassió i justícia social. La paraula "Islam" es deriva de l'arrel àrab "slm", que significa pau, submissió i seguretat. Els musulmans es saluden amb "As-salamu alaykum", que significa "La pau sigui amb vosaltres". Aquest èmfasi en la pau i la comunitat és fonamental per als ensenyaments islàmics, tot i que, com qualsevol religió important, ha estat objecte de diverses interpretacions i contextos polítics.

En resum, l'Islam és una religió rica i polifacètica que ofereix un profund camí espiritual i una forma de vida integral. Les seves creences bàsiques en la unitat de Déu i la profecia de Mahoma, les seves pràctiques fonamentals plasmades en els Cinc Pilars i el seu extens sistema legal i ètic proporcionen un marc sòlid per a la conducta personal i comunitària. Entendre l'Islam implica apreciar la seva profunditat espiritual, la seva importància històrica i la seva rellevància contemporània, oferint informació sobre com milions de persones a tot el món troben sentit, propòsit i comunitat a través de la seva fe.

Per què convertir?

Decidir convertir-se a l'islam és una opció significativa i profundament personal que pot ser impulsada per diversos factors. Per a molts, representa un profund despertar espiritual i una recerca d'una connexió més profunda amb el diví. Els principis bàsics de l'Islam, que emfatitzen la unitat de Déu i la profecia de Mahoma, ressonen amb aquells que busquen claredat, propòsit i un marc moral integral.

Una de les raons més convincents per a la conversió és l'atractiu del credo monoteista de l'Islam. El concepte de Tawhid, la unitat absoluta de Déu, ofereix una comprensió clara i inequívoca del diví. Aquesta creença proporciona una sensació de pau i certesa, lliure de les complexitats i contradiccions que alguns podrien trobar en altres tradicions religioses. Per a molts, la simplicitat i la puresa del monoteisme islàmic són profundament atractives.

Una altra motivació poderosa és el propi Alcorà. Com a llibre sagrat de l'Islam, es creu que l'Alcorà és la paraula literal de Déu, revelada al profeta Mahoma fa més de 1.400 anys. Els seus ensenyaments cobreixen tots els aspectes de la vida, des de la conducta personal fins a la justícia social. Molts conversos se senten atrets per l'èmfasi de l'Alcorà en la compassió, la misericòrdia i la importància de la justícia i la igualtat. La profunditat espiritual i intel·lectual de l'Alcorà, combinada amb la seva bellesa poètica, sovint inspira una profunda reflexió i transformació.

La vida i l'exemple del profeta Mahoma també tenen un paper crucial en la decisió de convertir-se. Com a darrer profeta d'una llarga línia de missatgers, la vida de Mahoma és vista com un model de pietat, humilitat i dedicació a Déu. Els seus ensenyaments i accions, meticulosament registrades al Hadith, proporcionen una guia pràctica per portar una vida justa i equilibrada. Els conversos sovint troben en Mahoma una figura identificable i inspiradora la vida de la qual ofereix exemples concrets de viure els principis islàmics.

La comunitat i la pertinença també són factors importants. L'islam fomenta un fort sentit de la ummah, o fraternitat global, que transcendeix les fronteres ètniques, culturals i nacionals. Aquest sentit de comunitat pot ser especialment atractiu en un món cada cop més fragmentat. Molts conversos se senten atrets per la calidesa, l'hospitalitat i la solidaritat que experimenten dins de les comunitats musulmanes. Aquest sentiment de pertinença i suport mutu pot proporcionar una forta xarxa de sosteniment emocional i espiritual.

El marc ètic i moral de l'Islam és un altre gran atractiu. Els ensenyaments islàmics ofereixen una guia clara sobre qüestions de moralitat, justícia social i conducta personal. Aquest sistema ètic integral es basa en els principis de justícia, compassió i responsabilitat, que s'articulen a través de la Sharia. Per a aquells que busquen un enfocament estructurat i de principis de la vida, l'Islam ofereix un marc ètic coherent i holístic que aborda les preocupacions tant personals com socials.

Les històries personals de conversió sovint destaquen moments d'experiències o realitzacions espirituals profundes. Aquests poden incloure experiències d'intervenció divina, somnis o una sensació de pau interior i certesa quan aprenen sobre l'Islam. Aquestes experiències poden ser potents catalitzadors de conversió, reforçant l'atractiu intel·lectual i emocional de la fe.

A més, la disciplina i l'estructura que proporcionen les pràctiques islàmiques poden ser profundament atractives. Els cinc pilars de l'Islam - Shahada (fe), Salah (oració), Zakat (caritat), Sawm (dejuni) i Hajj (pelegrinatge) - ofereixen un marc clar i coherent per al culte i la vida diària. Aquestes pràctiques no només milloren el creixement espiritual, sinó que també promouen l'autodisciplina, la participació de la comunitat i un major sentit del propòsit.

Per a alguns, la decisió de convertir està influenciada per esdeveniments o relacions importants de la vida. Casar-se amb una parella musulmana, per exemple, pot provocar una exploració de la fe i portar a una decisió personal de convertir-se. De la mateixa manera, experimentar grans canvis vitals o crisis pot inspirar una recerca de sentit i estabilitat, que alguns troben en els ensenyaments de l'islam.

A més, no es pot subestimar l'atractiu intel·lectual de l'islam. Molts conversos se senten atrets per la coherència lògica i la profunditat filosòfica de la teologia islàmica. La religió fomenta el pensament crític, la reflexió i la recerca del coneixement, que ressona amb aquells que valoren el compromís intel·lectual juntament amb la devoció espiritual.

En el món actual, on sovint dominen el materialisme i el consumisme, els ensenyaments espirituals i ètics de l'Islam ofereixen una alternativa significativa. L'èmfasi en la simplicitat, la humilitat i la gratitud a l'Islam ofereix un contrapès a les pressions i distraccions de la vida moderna. Per a molts, convertir-se a l'islam representa un retorn als valors essencials i una manera de viure més fonamentada i decidida.

En definitiva, la decisió de convertir-se a l'islam és polièdrica, modelada per una combinació de factors espirituals, intel·lectuals, emocionals i socials. El viatge de cada persona és únic, reflectint les seves experiències, reflexions i aspiracions individuals. Tanmateix, comú a tots els conversos és el desig d'una connexió més profunda amb Déu, una comprensió més clara del propòsit de la vida i un sentit de pertinença a una comunitat global de fe. Convertir-se a l'islam no és només adoptar un nou conjunt de creences i pràctiques; es tracta d'embarcar-se en un viatge transformador que remodela la identitat, els valors i la visió del món d'una manera profunda i duradora.

Autoreflexió

L'auto-reflexió és un pas inicial crucial per a qualsevol que es plantegi convertir-se a l'Islam. Implica un examen profund i honest de les pròpies creences, valors i motivacions. Aquest procés no es tracta només d'avaluar les doctrines religioses, sinó també de comprendre les aspiracions personals, les experiències de vida i les necessitats espirituals.

Comenceu contemplant les vostres creences i pràctiques espirituals actuals. Quins aspectes de la teva fe o cosmovisió actual et ressonen, i quins aspectes trobes mancants o insatisfactoris? L'auto-reflexió requereix reconèixer aquests sentiments obertament. Hi ha preguntes o dubtes concrets amb els quals has estat lluitant? Identificar-los pot ajudar a aclarir si l'Islam aborda les vostres preocupacions d'una manera significativa.

Considereu el vostre viatge espiritual fins a aquest punt. Has viscut moments de profunda visió o transformació que et poden estar orientant cap a l'Islam? Reflexioneu sobre qualsevol experiència espiritual passada, pràctiques religioses o revelacions personals. Aquestes experiències sovint configuren els nostres camins espirituals i poden proporcionar informació valuosa sobre per què et pot atraure l'Islam.

Un altre aspecte important de l'autoreflexió és examinar els vostres valors personals i com s'alineen amb els ensenyaments islàmics. L'Islam posa un fort èmfasi en principis com la justícia, la compassió, l'honestedat i la humilitat. Reflexioneu sobre com aquests valors ressonen amb el vostre propi sentit de la moral i l'ètica. Et trobes naturalment inclinat cap a aquests valors, o són àrees on busques creixement i alineació?

L'auto-reflexió també implica avaluar les vostres motivacions per considerar la conversió. T'atreu l'Islam per un interès espiritual genuí o hi ha factors externs que influeixen en la vostra decisió, com ara les relacions, les pressions socials o les tendències culturals? Comprendre les vostres autèntiques motivacions ajuda a assegurar-vos que la vostra decisió es basa en una convicció sincera en lloc de raons transitòries o superficials.

Considereu com les creences i pràctiques bàsiques de l'Islam s'alineen amb els vostres objectius i estil de vida personals. Per exemple, com et sents sobre els conceptes de monoteisme, la finalitat de la profecia i les pràctiques diàries de l'oració, el dejuni i la caritat? Reflexiona sobre si aquests elements són compatibles amb el teu estil de vida actual i si estàs preparat per integrar-los a la teva vida diària.

Reflexioneu sobre els possibles canvis que la conversió pot aportar a la vostra vida. Això inclou canvis en les vostres rutines diàries, interaccions socials i, possiblement, fins i tot dinàmiques familiars. Esteu preparats per a aquests canvis? Esteu preparat per abraçar una nova comunitat i possiblement enfrontar-vos a reptes o a l'oposició dels que us envolten? L'auto-reflexió implica preparar-se mentalment i emocionalment per a aquests canvis.

També és valuós tenir en compte els aspectes emocionals de la conversió. Com et sents davant la idea d'unir-te a una nova comunitat de fe? Estàs emocionat, ansiós o aprensiu? Aquests sentiments són naturals i importants per reconèixer a mesura que ponderes la teva decisió. Comprendre les vostres respostes emocionals us pot ajudar a abordar el procés amb més claredat i preparació.

Participar en l'autoreflexió també pot implicar buscar l'orientació de persones de confiança que et coneixen bé. Poden oferir perspectives i idees que potser no haureu considerat pel vostre compte. Les converses amb amics, familiars o mentors espirituals poden proporcionar suport addicional i ajudar-vos a explorar els vostres pensaments amb més profunditat.

Finalment, l'autoreflexió hauria de ser un procés continu. És important revisar periòdicament els vostres pensaments i sentiments mentre continueu aprenent sobre l'Islam. Aquesta reflexió contínua ajuda a garantir que la vostra decisió es mantingui alineada amb la vostra comprensió i experiències en evolució.

En resum, l'autoreflexió és un pas fonamental en el procés de conversió. Implica un examen exhaustiu de les vostres creences, valors, motivacions i preparació per al canvi. En participar en una autoreflexió honesta i reflexiva, podeu obtenir una comprensió més clara de les vostres necessitats espirituals i si l'Islam ofereix un camí que ressona realment amb el vostre viatge personal. Aquest procés no només ajuda a prendre una decisió informada, sinó que també us prepara per a una abraçada significativa i compromesa de la fe.

Recerca i aprenentatge

La recerca i l'aprenentatge són passos essencials en el camí cap a la conversió a l'islam. Aquesta fase implica una exploració profunda i exhaustiva de la fe, els seus ensenyaments i les seves pràctiques per garantir que la vostra decisió sigui ben informada i genuïna. El procés d'entendre l'Islam és polifacètic, i inclou dimensions teològiques, històriques, pràctiques i culturals.

Per començar, és crucial familiaritzar-se amb els textos fonamentals de l'Islam. L'Alcorà és el llibre sagrat principal de l'Islam, que es creu que és la paraula literal de Déu tal com es va revelar al profeta Mahoma. És important apropar-se a l'Alcorà amb una ment oberta i analítica, llegint traduccions si no parleu àrab i consultant diverses interpretacions per obtenir una comprensió completa. Estudiar l'Alcorà implica no només llegir els seus versos, sinó també reflexionar sobre els seus significats i com s'apliquen a la vida diària.

Al costat de l'Alcorà, els hadiz, que són les dites i les accions del profeta Mahoma, proporcionen coneixements essencials sobre els aspectes pràctics de viure una vida islàmica. La literatura hadith és àmplia i, tot i que algunes col·leccions són més autoritzades, és beneficiós explorar diferents fonts per obtenir una perspectiva àmplia. Participar amb l'hadith ajuda a entendre el context en què es va revelar l'Alcorà i com s'han aplicat històricament els ensenyaments de l'Islam.

Un altre aspecte important de la investigació és entendre la vida del profeta Mahoma, el missatger final de l'Islam. La seva biografia, coneguda com la Sira, ofereix valuoses lliçons i context per als ensenyaments que es troben a l'Alcorà i als Hadith. Aprenent sobre la seva vida, les seves lluites i el seu caràcter, podeu obtenir una apreciació més profunda dels principis i valors de l'Islam. Hi ha nombroses biografies i relats històrics disponibles que detallen la seva vida i el primer desenvolupament de la comunitat islàmica.

També és beneficiós explorar el desenvolupament històric de l'Islam. Comprendre com es va estendre la fe, la seva interacció amb diferents cultures i el seu paper en la formació de civilitzacions pot proporcionar una perspectiva més rica sobre les seves pràctiques i ensenyaments. La història de l'Islam inclou la seva expansió per diverses regions, el desenvolupament de la jurisprudència islàmica i les contribucions dels estudiosos musulmans a diversos camps com la ciència, la filosofia i les arts. Aquest context històric ajuda a apreciar l'impacte global de l'Islam i les seves diverses expressions.

A més d'estudiar els textos i la història, és crucial relacionar-se amb el pensament islàmic contemporani. L'islam, com totes les religions principals, es practica i interpreta de diverses maneres arreu del món. La lectura d'estudiosos i pensadors islàmics contemporanis pot proporcionar informació sobre com s'entén i es viu l'Islam avui. Això inclou explorar diferents escoles de pensament dins de l'Islam, com les tradicions sunnites i xiïtes, i entendre les seves interpretacions de temes clau.

Assistir a conferències, seminaris i classes sobre l'islam també pot ser molt beneficiós. Moltes mesquites i centres islàmics ofereixen programes educatius per a aquells interessats a conèixer la fe. Aquests programes solen incloure debats sobre teologia, dret i espiritualitat islàmiques, així com consells pràctics sobre la integració de les pràctiques islàmiques a la vida diària. Participar en aquestes oportunitats educatives pot proporcionar una interacció directa amb persones coneixedores i fomentar una comprensió més profunda de la fe.

Conversar amb musulmans i visitar les mesquites són passos pràctics que poden millorar molt la vostra experiència d'aprenentatge. Les interaccions personals amb els musulmans poden proporcionar informació de primera mà sobre la fe i les seves pràctiques. Aquestes converses poden ajudar a aclarir preguntes, resoldre dubtes i oferir una idea de l'aspecte comunitari de l'islam. Les visites a les mesquites us permeten observar les pràctiques de culte, participar en esdeveniments comunitaris i experimentar l'entorn social i espiritual d'una comunitat musulmana.

Quan s'investiga l'islam, és important apropar-se a les fonts de manera crítica. Hi ha una gran quantitat d'informació disponible en línia i impresa, però no totes les fonts són igualment fiables o objectives. És recomanable consultar estudiosos, institucions i llibres reconeguts que siguin ben considerats dins de la comunitat musulmana. Eviteu fonts que puguin presentar una visió esbiaixada o incompleta de l'Islam, ja que poden distorsionar la vostra comprensió.

Participar en l'autoestudi i la reflexió també és una part crucial d'aquesta fase. Mentre llegiu i apreneu, preneu-vos el temps per reflexionar sobre com s'alineen els ensenyaments de l'Islam amb les vostres creences i valors. Considereu com els principis de l'Islam poden afectar la vostra vida, tant espiritualment com pràcticament. Aquest procés reflexiu ajuda a integrar nous coneixements i avaluar com ressona amb el vostre viatge personal.

Entendre les pràctiques islàmiques és un altre aspecte important de la vostra investigació. Familiaritzeu-vos amb els rituals diaris, com ara les cinc oracions diàries, el dejuni durant el Ramadà i la donació de zakat (caritat). Aprendre sobre aquestes pràctiques i la seva importància proporciona una perspectiva pràctica sobre com s'apliquen els ensenyaments islàmics a la vida quotidiana. Observar o participar en aquestes pràctiques, si és possible, també pot oferir una apreciació més profunda del seu paper en la fe musulmana.

A més de les pràctiques religioses, és important entendre les dimensions socials i culturals de l'islam. Les diferents cultures interpreten i practiquen l'Islam de diverses maneres, i comprendre aquests contextos culturals pot enriquir la vostra comprensió de la fe. Aprendre sobre l'ètica islàmica, els principis de justícia social i el paper de la comunitat pot proporcionar una visió holística de com l'Islam influeix en el comportament personal i social.

A mesura que avanceu en la vostra recerca i aprenentatge, manteniu un diari o registre dels vostres pensaments i preguntes. Documentar les vostres reflexions, idees i qualsevol incertesa us pot ajudar a fer un seguiment del vostre viatge i aclarir la vostra comprensió. Aquest registre també pot servir com un recurs valuós mentre continueu explorant i relacionant-vos amb la fe.

En resum, el procés d'investigació i aprenentatge sobre l'Islam és un viatge complet i continu. Implica estudiar l'Alcorà i els hadiz, explorar la vida del profeta Mahoma, comprendre la història islàmica i el pensament contemporani i relacionar-se amb la comunitat musulmana. Aquesta exploració en profunditat ajuda a garantir que la vostra decisió de convertir-se sigui informada i sincera, alineada amb les vostres creences i valors personals. En abordar aquest procés amb obertura i diligència, poseu les bases per a una abraçada significativa i compromesa de l'Islam.

Trobada amb musulmans

Conèixer els musulmans i relacionar-se amb la comunitat musulmana és un pas fonamental per a qualsevol que es plantegi convertir-se a l'islam. Aquesta interacció proporciona informació valuosa sobre les experiències viscudes dels musulmans, ajuda a dissipar idees errònies i ofereix suport mentre navegueu pel vostre camí cap a l'adopció de la fe.

Comenceu visitant les mesquites locals. Les mesquites no només són llocs de culte, sinó també centres comunitaris on els musulmans es reuneixen per a les oracions, programes educatius i esdeveniments socials. Quan visiteu una mesquita, observeu els rituals de pregària i el sentit de comunitat que impregna l'entorn. Moltes mesquites ofereixen jornades de portes obertes o programes de benvinguda específicament per als no musulmans i els interessats a conèixer l'Islam. Aquests esdeveniments ofereixen una gran oportunitat per fer preguntes, conèixer les pràctiques islàmiques i conèixer els musulmans en un entorn acollidor.

Interacciona amb l'imam o el líder religiós de la mesquita. Els imams coneixen els ensenyaments i pràctiques islàmiques i poden oferir orientació sobre qüestions teològiques i pràctiques. També us poden connectar amb recursos, grups d'estudi i altres membres de la comunitat que us poden ajudar en el vostre procés d'aprenentatge. Construir una relació amb un imam pot ser especialment beneficiós, ja que poden abordar les vostres preguntes i preocupacions específiques amb profunditat i claredat.

Participar en esdeveniments i activitats comunitàries organitzades per la mesquita o centres islàmics. Aquests esdeveniments van des de celebracions religioses com l'Eid fins a tallers educatius, accions benèfiques i reunions socials. Assistir a aquests esdeveniments us permet experimentar l'aspecte comunitari de l'Islam i veure com els musulmans practiquen la seva fe a la vida quotidiana. També ofereix oportunitats per conèixer gent de diferents orígens i escoltar les seves històries i experiències personals.

Penseu en unir-vos a un grup d'estudi o prendre classes que ofereixen la mesquita o les organitzacions islàmiques locals. Moltes comunitats tenen programes per a aquells interessats a aprendre sobre l'Islam, inclosos cursos sobre l'Alcorà, Hadith, història islàmica i àrab. Aquestes classes no només milloren els teus coneixements, sinó que també et permeten connectar amb altres persones en un viatge similar. Els grups d'estudi sovint fomenten un sentit de companyonia i proporcionen un entorn de suport per discutir i explorar la fe.

La relació amb amics, col·legues o coneguts musulmans també pot ser una part valuosa d'aquest procés. Si coneixeu personalment els musulmans, poseu-vos en contacte amb ells i expresseu el vostre interès a aprendre més sobre la seva fe. Molts musulmans estan encantats de compartir les seves experiències, respondre preguntes i oferir suport. Les interaccions personals poden proporcionar una comprensió més matisada i íntima de com l'Islam influeix en la vida diària i els valors personals.

Les comunitats en línia i les xarxes socials també poden tenir un paper important a l'hora de conèixer els musulmans i aprendre sobre l'Islam. Molts musulmans són actius a les xarxes socials i comparteixen les seves experiències, idees i coneixements. Unir-se a fòrums en línia, seguir influents musulmans i participar en debats virtuals pot proporcionar perspectives i recursos addicionals. Tanmateix, és important abordar la informació en línia de manera crítica i buscar fonts de confiança i persones amb coneixements.

Quan coneixeu els musulmans, afronteu aquestes interaccions amb respecte, obertura i un autèntic desig d'aprendre. Tingueu en compte les sensibilitats culturals i les etiquetes. Per exemple, vestir-se amb modèstia quan es visita una mesquita i mostrar respecte durant els temps de pregària són gestos apreciats. Escoltar activament i mostrar agraïment per les idees compartides pels altres pot ajudar a construir connexions positives i significatives.

A mesura que us comprometeu amb la comunitat musulmana, és possible que trobeu diverses interpretacions i pràctiques dins de l'Islam. Sunnita i xiïta són les dues branques principals, cadascuna amb les seves pròpies tradicions i escoles de pensament. Comprendre aquestes diferències pot proporcionar una visió més completa de l'Islam i ajudar-vos a apreciar la seva rica diversitat. Fer preguntes i buscar entendre els motius de les diferents pràctiques i creences, fomentant una perspectiva respectuosa i informada.

Conèixer els musulmans també ofereix una oportunitat per conèixer els reptes i les alegries de practicar l'Islam a la societat contemporània. Molts musulmans s'enfronten a malentesos i estereotips, i escoltar les seves experiències pot oferir coneixements valuosos sobre la realitat de viure com a musulmà avui. Aquesta comprensió pot aprofundir la vostra empatia i preparar-vos per als possibles reptes que podríeu enfrontar després de la conversió.

Penseu en ser voluntari o participar en activitats benèfiques organitzades per la comunitat musulmana. L'Islam posa un fort èmfasi en la caritat i la justícia social, i participar en aquestes activitats pot proporcionar una comprensió pràctica d'aquests valors. També us permet contribuir positivament a la comunitat i establir relacions mitjançant un servei compartit.

Reflexiona sobre les teves experiències mentre coneixes musulmans i interactues amb la comunitat. Preneu nota del que us ressona, de les preguntes que sorgeixen i de les idees que obteniu. Aquestes reflexions poden ajudar a aclarir la vostra comprensió i els vostres sentiments sobre la conversió a l'Islam. També proporcionen una base per a més exploració i aprenentatge.

Conèixer els musulmans i integrar-se a la comunitat és un procés continu que va més enllà de les interaccions inicials. A mesura que continueu aprenent i creixent en la vostra comprensió de l'Islam, aquestes relacions tindran un paper crucial en el vostre viatge espiritual. Ofereixen suport, amistat i sentiment de pertinença que és essencial per a una pràctica plena i compromesa de la fe.

En resum, conèixer els musulmans i relacionar-se amb la comunitat és un pas vital en el procés de conversió a l'islam. Proporciona coneixements de primera mà sobre la fe, ofereix suport i orientació i fomenta el sentiment de pertinença. En participar en activitats de mesquites, assistir a esdeveniments comunitaris, unir-se a grups d'estudi i establir relacions personals, podeu aprofundir en la vostra comprensió de l'Islam i preparar-vos per a una conversió significativa i informada. Aquest compromís no només enriqueix els vostres coneixements, sinó que també us ajuda a integrar-vos a la comunitat musulmana, fent que el vostre viatge espiritual sigui més holístic i recolzat.

Entendre l'Alcorà

L'Alcorà, considerat pels musulmans com la paraula literal de Déu, revelada al profeta Mahoma durant 23 anys, és el text més significatiu de l'Islam. Serveix com a font definitiva d'orientació per a tots els aspectes de la vida, que inclou la teologia, la moral, la llei i l'espiritualitat. Per a aquells que consideren la conversió a l'Islam, comprendre l'Alcorà és un pas crucial per comprendre l'essència de la fe. Aquest viatge implica no només llegir i interpretar el text, sinó també apreciar-ne les dimensions històrica, lingüística i espiritual.

L'Alcorà es compon de 114 capítols, coneguts com a sures, que varien en longitud i cobreixen una varietat de temes. Cada sura es divideix en versos anomenats ayahs. El text està escrit en àrab clàssic, i els musulmans consideren que la seva llengua és incomparable en la seva bellesa i eloqüència. Per als que no parlen àrab, hi ha nombroses traduccions disponibles, i és beneficiós consultar diverses traduccions per captar els matisos de l'idioma original. Tanmateix, els musulmans creuen que la veritable essència de l'Alcorà només es pot apreciar plenament en àrab, fent que l'aprenentatge de la llengua sigui un esforç valuós per a una comprensió més profunda.

El procés d'entendre l'Alcorà comença per familiaritzar-se amb la seva estructura i temes. L'Alcorà aborda conceptes teològics fonamentals, com ara la unitat de Déu (Tawhid), el propòsit de la creació i el més enllà. També ofereix orientació sobre conducta personal, justícia social, relacions familiars i comportament ètic. Llegir l'Alcorà amb consciència d'aquests temes ajuda a contextualitzar els seus versos i entendre la seva rellevància per a diversos aspectes de la vida.

Un aspecte important de la comprensió de l'Alcorà és reconèixer el seu context històric i cultural. Les revelacions es van produir a l'Aràbia del segle VII, i molts versos responen a esdeveniments o problemes específics als quals s'enfronta la primera comunitat musulmana. Conèixer el context en què es van revelar determinats versos pot proporcionar una visió més profunda dels seus significats i aplicacions. Aquesta perspectiva històrica s'elabora sovint en la ciència d'Asbab al-Nuzul (les raons de la revelació), que explica les circumstàncies que envolten la revelació de versos concrets.

Intervenir amb Tafsir, l'exegesi o el comentari de l'Alcorà, és essencial per a una comprensió global. Els estudiosos clàssics i contemporanis han escrit amplis treballs Tafsir que expliquen els significats, les implicacions i els contextos dels versos alcorànics. Erudits reconeguts de Tafsir, com Ibn Kathir, Al-Tabari i Al-Qurtubi, ofereixen explicacions detallades que ajuden a aclarir versos i temes complexos. Les obres modernes de Tafsir, com les de Sayyid Qutb i Maulana Maududi, ofereixen interpretacions contemporànies que tracten temes d'actualitat. Estudiar Tafsir permet un compromís més profund i informat amb el text.

Un altre aspecte important per entendre l'Alcorà són les seves característiques lingüístiques i literàries. L'Alcorà és conegut pel seu estil únic, dispositius retòrics i qualitats poètiques. Utilitza diverses tècniques literàries, incloses metàfores, símils i paràboles, per transmetre els seus missatges de manera eficaç. Apreciar aquests elements literaris millora la comprensió del lector de la profunditat i bellesa del text. Els estudiosos sovint analitzen el llenguatge de l'Alcorà per descobrir capes de significat i per apreciar-ne el poder artístic i expressiu.

La lectura i la contemplació reflexives, conegudes com a Tadabbur, són fonamentals per entendre l'Alcorà. S'anima als musulmans a reflexionar sobre el significat dels versos i com s'apliquen a les seves vides. Aquest enfocament reflexiu implica no només un compromís intel·lectual sinó també una connexió espiritual i emocional amb el text. En contemplar els versos, els lectors poden obtenir idees personals i desenvolupar una relació més profunda amb els ensenyaments de l'Alcorà.

L'Alcorà també posa l'accent en la importància de buscar coneixement i comprensió. Anima els creients a reflexionar sobre el món natural, la història humana i les seves pròpies experiències com a signes de la presència i la guia de Déu. Aquest enfocament holístic de l'aprenentatge implica integrar l'estudi de l'Alcorà amb activitats intel·lectuals i espirituals més àmplies. Participar en discussions amb persones coneixedores, assistir a cercles d'estudi i participar en classes alcoràniques pot enriquir encara més la comprensió.

Entendre l'Alcorà també implica reconèixer la seva guia ètica i moral. L'Alcorà proporciona un marc global per a la conducta personal i social, posant èmfasi en valors com la justícia, la compassió, l'honestedat i la humilitat. Reflexionar sobre aquests ensenyaments ètics i esforçar-se per encarnar-los a la vida diària és un aspecte crucial per relacionar-se amb l'Alcorà. Ajuda a transformar el coneixement teòric en acció pràctica, alineant el comportament amb els principis de la fe.

La dimensió espiritual de l'Alcorà és un altre element crític per explorar. L'Alcorà no és només un llibre de lleis i orientació, sinó també una font d'alimentació i inspiració espiritual. Aborda la vida interior del creient, oferint consol, ànim i saviesa. Es creu que recitar i escoltar l'Alcorà, especialment en el seu àrab original, té un profund impacte espiritual. Molts musulmans troben consol i força en la recitació rítmica i melodiosa de l'Alcorà, coneguda com Tilawah.

Finalment, entendre l'Alcorà és un viatge de tota la vida. El text és ric en significats i idees que es poden descobrir mitjançant l'estudi, la reflexió i la pràctica contínues. A mesura que el coneixement i l'experiència d'un creixen, també ho fa la profunditat de comprensió i apreciació de l'Alcorà. Aquest compromís constant fomenta una relació dinàmica i en evolució amb el text, permetent que els seus ensenyaments inspirin i guiïn contínuament.

En resum, la comprensió de l'Alcorà implica un enfocament polifacètic que inclou l'estudi del seu text, context i interpretació, apreciació de les seves qualitats lingüístiques i literàries, la lectura reflexiva i contemplativa i la integració dels seus ensenyaments ètics i espirituals a la vida quotidiana. Aquest compromís global no només proporciona una visió més profunda de la fe, sinó que també alimenta una connexió profunda amb el missatge diví que encarna l'Alcorà. En comprometre's amb aquest procés, les persones poden acceptar plenament la saviesa i la guia de l'Alcorà mentre viatgen cap a l'adopció de l'Islam.

La vida del profeta Mahoma

El profeta Mahoma, l'últim profeta de l'Islam, és una figura central la vida i els ensenyaments de la qual han modelat profundament la fe. La seva història de vida, o Sirah, no és només un relat històric, sinó una font d'inspiració i orientació per als musulmans de tot el món. Entendre la vida de Mahoma proporciona informació essencial sobre els fonaments de l'Islam i els seus principis ètics i morals.

Mahoma va néixer l'any 570 dC a la ciutat de la Meca, a l'actual Aràbia Saudita. Pertanyia a la tribu Quraysh, una tribu respectada i influent a la Meca. El seu pare, Abdullah, va morir abans de néixer, i la seva mare, Amina, va morir quan ell tenia sis anys. Orfe de jove, Muhammad va ser criat pel seu avi, Abdul Muttalib, i més tard pel seu oncle, Abu Talib. Aquestes primeres experiències de pèrdua i dificultats van modelar profundament el seu caràcter, inculcant-li qualitats d'empatia, resiliència i humilitat.

Quan era jove, Mahoma es va guanyar una reputació per la seva honestedat i integritat, guanyant-se el sobrenom "Al-Amin", que significa "el digne de confiança". Va treballar com a comerciant i va ser emprat per Khadijah, una vídua rica. Impressionat pel seu caràcter i perspicàcia per als negocis, Khadijah va proposar matrimoni a Mahoma, i es van casar quan ell tenia 25 anys i ella en tenia 40. El seu matrimoni va ser una associació feliç i de suport, i Khadijah va seguir sent un suport crucial per a Mahoma durant els seus primers anys de profetisme. .

La vida de Mahoma va donar un gir fonamental als 40 anys quan va començar a rebre revelacions divines. Mentre meditava a la cova d'Hira a la muntanya Noor, va rebre la visita de l'àngel Gabriel, que li va transmetre els primers versos de l'Alcorà. Aquest esdeveniment va marcar l'inici de la seva missió com a profeta. Inicialment, les revelacions van inquietar profundament Mahoma, però Khadijah el va consolar i el va assegurar del seu caràcter noble i el seu propòsit diví.

Durant els primers anys, el missatge de Mahoma de monoteisme i justícia social es va difondre discretament entre familiars i amics propers. Els seus primers seguidors, inclosos Khadijah, el seu cosí Ali i el seu amic íntim Abu Bakr, van formar el nucli de la comunitat musulmana naixent. No obstant això, a mesura que el seu missatge es feia més públic, es va enfrontar a una ferotge oposició dels líders Quraysh que el veien com una amenaça per al seu poder social i econòmic, que estava estretament lligat a les pràctiques politeistes de la Meca.

Malgrat l'hostilitat, Mahoma va persistir en la seva missió, predicant la unitat de Déu (Tawhid), la importància de la integritat moral i la necessitat de la justícia social. Els seus ensenyaments van desafiar les injustícies i les desigualtats de la societat meca, inclòs el maltractament de les dones, els pobres i els esclaus. Aquest missatge va ressonar entre molts i va provocar un nombre creixent de conversos de diferents estrats socials.

La creixent persecució dels musulmans a la Meca finalment va conduir a la migració, o Hégira, a la ciutat de Yathrib (més tard coneguda com a Medina) l'any 622 dC. Aquesta migració marca l'inici del calendari islàmic. A Medina, Mahoma va establir una nova comunitat basada en els principis islàmics. Es va convertir no només en un líder espiritual sinó també en un líder polític i social, mediant en conflictes i unint les diverses tribus de la regió.

A Medina, la comunitat musulmana va créixer ràpidament. El lideratge de Mahoma i les revelacions que va rebre van establir les bases de la llei i el govern islàmics. La Constitució de Medina, redactada sota la seva direcció, va ser un document pioner que va establir una societat pluralista on musulmans, jueus i altres comunitats poguessin conviure pacíficament sota un marc legal comú.

La vida de Mahoma a Medina va estar marcada per diversos esdeveniments significatius, incloses les batalles amb els Quraysh i altres tribus. La batalla de Badr l'any 624 dC va ser una victòria crucial per als musulmans, demostrant la seva resistència i suport diví. No obstant això, les batalles posteriors, com la Batalla d'Uhud i la Batalla de la Trinxera, van posar a prova la força i la unitat de la comunitat. A través d'aquests reptes, el lideratge i la perspicàcia estratègica de Mahoma van ser evidents, ja que va navegar tant per vies militars com diplomàtiques per garantir la supervivència i el creixement de la comunitat musulmana.

El Tractat d'Hudaybiyyah l'any 628 dC va ser un punt d'inflexió, ja que va permetre una treva de deu anys entre els musulmans i els Quraysh. Aquest tractat va proporcionar un període de pau durant el qual l'islam es va estendre significativament per la península aràbiga. Dos anys més tard, l'any 630 CE, Mahoma i els seus seguidors van conquerir pacíficament la Meca, marcant una victòria transcendental. En entrar a la ciutat, Mahoma va perdonar els seus antics perseguidors i va purificar la Kaaba eliminant els seus ídols, restablint-la com el centre del culte monoteista.

Els darrers anys de la vida de Mahoma es van dedicar a consolidar la comunitat musulmana i difondre el missatge de l'islam. El seu pelegrinatge de comiat l'any 632 dC va ser un esdeveniment important on va pronunciar el seu sermó de comiat, encapsulant els principis bàsics de l'Islam. Va posar èmfasi en la igualtat, la justícia i la importància de seguir l'Alcorà i la seva Sunna (pràctiques i dites) com a fonts d'orientació.

Mahoma va morir l'any 632 dC a Medina. La seva mort va marcar el final de la profecia a l'Islam, però el seu llegat va continuar a través dels seus ensenyaments i de la comunitat que va establir. L'Alcorà i l'Hadith segueixen sent les principals fonts d'orientació per als musulmans, mentre que el seu caràcter i lideratge exemplars continuen inspirant.

Entendre la vida del profeta Mahoma és crucial per comprendre els fonaments de l'Islam. Les seves experiències, reptes i triomfs proporcionen context per a les revelacions alcoràniques i el desenvolupament dels principis islàmics. La vida de Mahoma exemplifica els valors de la compassió, la justícia i la fermesa, i serveix com a model atemporal per als musulmans de tot el món. En estudiar la seva vida, hom adquireix una apreciació més profunda del profund impacte que va tenir en la formació d'una religió que segueix guiant milions de persones avui dia.

Pràctiques i rituals islàmics

Les pràctiques i rituals islàmics formen el nucli de la vida quotidiana d'un musulmà, proporcionant una estructura i una connexió directa amb Déu. Aquestes pràctiques no són només actes de culte, sinó que són integrals a la vida espiritual i ètica d'un musulmà, fomentant la disciplina, la comunitat i un record constant de Déu. Comprendre aquestes pràctiques és essencial per a qualsevol persona que es plantegi convertir-se a l'Islam, ja que són fonamentals per viure la fe.

Una de les pràctiques més fonamentals de l'Islam és la declaració de fe, coneguda com la Shahada. La Shahada és el testimoni que no hi ha més déu que Al·là, i Mahoma és el seu missatger. Aquesta declaració és el primer pilar de l'Islam i significa l'entrada a la fe musulmana. És una declaració senzilla però profunda que encapsula l'essència de la creença islàmica i serveix com a recordatori constant del compromís d'un musulmà amb Déu.

El segon pilar de l'Islam és Salah, les cinc oracions diàries. Aquestes oracions es realitzen a hores específiques al llarg del dia: a l'alba (Fajr), al migdia (Dhuhr), a mitja tarda (Asr), al capvespre (Maghrib) i al vespre (Isha). Salah és un vincle directe entre l'adorador i Déu, oferint moments de reflexió, gratitud i súplica. Cada pregària implica postures físiques específiques, com ara dempeus, inclinar-se i postrar-se, que simbolitzen la submissió a Déu. La regularitat de Salah inculca disciplina i estructura, assegurant que els musulmans mantinguin un enfocament espiritual durant tot el dia.

El Zakat, el tercer pilar de l'Islam, és la pràctica de donacions caritatives. Requereix que els musulmans donin una part fixa de la seva riquesa, normalment el 2,5% dels seus estalvis, a aquells que ho necessiten. El zakat no és només un acte de caritat sinó una obligació que purifica la riquesa i promou la justícia social. Assegura la redistribució dels recursos dins la comunitat, pal·liant la pobresa i donant suport als menys afortunats. En complir aquest deure, els musulmans reconeixen que la seva riquesa és una confiança de Déu i que són responsables d'ajudar els altres.

El quart pilar és Sawm, dejuni durant el mes de Ramadà. El Ramadà és el novè mes del calendari lunar islàmic i es considera el mes més sagrat. Durant el Ramadà, els musulmans dejunen des de l'alba fins al capvespre, abstenint-se de menjar, beure i altres necessitats físiques. El dejuni es trenca cada vespre amb un àpat anomenat Iftar. Sawm és un moment per a la reflexió espiritual, l'augment de la devoció i la comunitat. Ensenya l'autodisciplina, l'empatia pels famolencs i la gratitud per les provisions de Déu. L'àpat abans de l'alba, el Suhoor i l'Iftar al vespre solen ser esdeveniments comunals, que fomenten un sentiment d'unitat i suport entre els musulmans.

El cinquè pilar de l'Islam és el Hajj, el pelegrinatge a la Meca. El Hajj és una obligació per a tots els musulmans que siguin capaços físicament i econòmicament de fer-lo almenys una vegada a la vida. Es produeix anualment durant el mes islàmic de Dhu al-Hijjah. El pelegrinatge implica una sèrie de rituals realitzats durant diversos dies, incloent el Tawaf (envoltant la Kaaba), Sa'i (caminant entre els turons de Safa i Marwah) i de peu a les planes d'Arafat en súplica. El Hajj és un profund viatge espiritual que simbolitza la unitat dels musulmans a tot el món i la seva submissió a Déu. Commemora les accions del profeta Abraham i la seva família, posant èmfasi en temes de sacrifici, humilitat i devoció.

A més d'aquests cinc pilars, hi ha altres pràctiques i rituals importants a l'Islam. Una d'aquestes pràctiques és la recitació i l'estudi de l'Alcorà, el llibre sagrat de l'Islam. Els musulmans creuen que l'Alcorà és la paraula literal de Déu, revelada al profeta Mahoma durant 23 anys. Recitar l'Alcorà es considera una forma de culte, i comprendre els seus ensenyaments és essencial per viure una vida islàmica. Molts musulmans s'esforcen per llegir l'Alcorà diàriament i reflexionar sobre els seus significats, sovint memoritzant-ne parts o tot el text.

Una altra pràctica clau és l'observació de Jumu'ah, l'oració de la congregació del divendres. Jumu'ah se celebra cada divendres al migdia i és una pregària comunal que inclou un sermó (khutbah) pronunciat per l'imam. És un moment perquè els musulmans es reuneixin, preguin junts i escoltin la guia religiosa. L'assistència a Jumu'ah és obligatòria per als homes musulmans, mentre que s'anima a les dones a assistir-hi, però poden resar a casa si ho volen. Aquesta reunió setmanal reforça els vincles comunitaris i reforça el culte col·lectiu.

Les pràctiques islàmiques també inclouen lleis dietètiques, com ara la prohibició de consumir carn de porc i alcohol. Halal, que significa permès, defineix el que els musulmans poden menjar i beure, i aquestes lleis dietètiques s'observen com a actes d'obediència a Déu. La pràctica de menjar halal s'estén més enllà dels aliments per incloure el tractament ètic i humà dels animals.

La higiene personal i la puresa també es destaquen a l'Islam. Els musulmans fan l'ablució (wudu) abans de les oracions, que consisteix a rentar-se les mans, la cara i els peus. Aquesta purificació ritual simbolitza la neteja espiritual i la disposició a posar-se davant Déu. També hi ha pautes per a la neteja personal, com ara el requisit de rentar-se després d'utilitzar el lavabo i l'èmfasi en mantenir un entorn de vida net.

Els rituals islàmics solen marcar esdeveniments significatius de la vida, com ara el naixement, el matrimoni i la mort. El naixement d'un nen se celebra amb l'Aqiqah, una cerimònia de bateig que inclou el sacrifici d'un animal i el repartiment de la seva carn als pobres. El matrimoni és un contracte sagrat a l'Islam, i la cerimònia del casament (Nikah) inclou la recitació de versos alcorànics i l'intercanvi de vots. Els ritus fúnebres a l'Islam inclouen el rentat i l'enrotllament del cos, la realització d'una pregària fúnebre especial (Salat al-Janazah) i l'enterrament. Aquests rituals emfatitzen la santedat de la vida i la importància del suport comunitari durant els moments significatius.

En resum, les pràctiques i rituals islàmics són fonamentals per a la vida d'un musulmà, proporcionant un marc per al culte, la conducta ètica i la participació de la comunitat. Els cinc pilars (Shahada, Salah, Zakat, Sawm i Hajj) formen la base de la pràctica islàmica, guiant els musulmans en la seva vida quotidiana i en el seu viatge espiritual. Pràctiques addicionals, com ara recitar l'Alcorà, assistir a Jumu'ah, observar les lleis dietètiques i mantenir la higiene personal, enriqueixen encara més la fe i l'adhesió dels musulmans als principis islàmics. Comprendre i acceptar aquestes pràctiques és essencial per a qualsevol persona que consideri la conversió a l'Islam, ja que encarnen els valors i els compromisos bàsics de la fe.

Shahada - Declaració de fe

La Shahada, o Declaració de Fe, és el primer i més fonamental pilar de l'Islam. És una declaració senzilla però profunda que significa l'entrada d'una persona a la fe islàmica i encapsula les creences bàsiques de l'islam. La Shahada diu: "Ashhadu alla ilaha illa Allah, wa ashhadu anna Muhammadur rasul Allah", que es tradueix com "Donc testimoni que no hi ha més déu que Al·là, i testifico que Mahoma és el missatger d'Al·là".

La Shahada no és només una afirmació verbal, sinó un compromís profund i personal amb els principis de l'Islam. És la declaració de la unitat de Déu (Tawhid) i l'acceptació de Mahoma com el seu darrer profeta. Aquest testimoni subratlla l'essència monoteista de l'Islam i la creença en la naturalesa única i incomparable de Déu, que és l'únic creador i sustentador de l'univers.

La primera part de la Shahada, "No hi ha més déu que Al·là", afirma el monoteisme absolut que és central a la teologia islàmica. Afirma que Déu és un, sense socis ni iguals, i rebutja qualsevol forma de politeisme o idolatria. Aquesta declaració no només reconeix la sobirania de Déu, sinó que també implica una completa submissió a la seva voluntat. En reconèixer Al·là com l'única divinitat, un musulmà es compromet a adorar-lo exclusivament i seguir la seva guia tal com es revela a l'Alcorà i a través dels ensenyaments del profeta Mahoma.

La segona part de la Shahada, "Mahoma és el missatger d'Al·là", afirma la creença en Mahoma com l'últim profeta d'una llarga línia de missatgers enviats per Déu per guiar la humanitat. Aquest reconeixement inclou acceptar l'Alcorà com la font última de la guia divina i seguir la Sunnah, que inclou les dites, les accions i les aprovacions del profeta Mahoma. En declarar Mahoma com el missatger de Déu, un musulmà es compromet a seguir el seu exemple i els seus ensenyaments en tots els aspectes de la vida.

La Shahada és la pedra angular de la fe i la pràctica d'un musulmà. És el primer pas per convertir-se en musulmà i es recita amb sinceritat i convicció. Per a aquells que es converteixen a l'islam, la recitació pública de la Shahada en presència de testimonis significa la seva acceptació oficial a la comunitat musulmana. Aquest acte és una profunda transformació espiritual, que marca l'inici d'una nova vida guiada pels principis islàmics.

Més enllà de la seva declaració inicial, la Shahada es recita regularment en oracions diàries (Salah) i altres actes de culte. Serveix com a recordatori constant de les creences bàsiques d'un musulmà i el seu compromís amb Déu i el seu profeta. La Shahada també té un paper important en la crida a l'oració musulmana (Adhan), que s'anuncia des de les mesquites cinc vegades al dia, convidant els fidels a l'oració i reforçant els principis centrals de l'Islam.

La Shahada no és només una declaració verbal sinó també una crida a l'acció. Requereix que els musulmans visquin les seves vides d'acord amb els ensenyaments islàmics, esforçant-se per defensar els valors de la justícia, la compassió i la integritat. Fomenta la recerca del coneixement, la realització de bones accions i l'evitació del pecat. La declaració de fe es converteix així en un principi rector que configura els pensaments, les accions i les interaccions d'un musulmà amb els altres.

A més de la seva importància teològica, la Shahada té profundes implicacions espirituals i socials. Uneix els musulmans de tot el món en una creença compartida i un sentit de fraternitat. Independentment de les diferències culturals, lingüístiques o geogràfiques, la Shahada crea un vincle entre tots els musulmans, fomentant una comunitat global de fe. Aquest sentit d'unitat i solidaritat és un aspecte poderós de la identitat islàmica.

La Shahada també reflecteix la naturalesa inclusiva de l'Islam. És una crida universal que convida a totes les persones a reconèixer la unitat de Déu i la profecia de Mahoma. L'Islam ensenya que tots els profetes, inclosos Adam, Noè, Abraham, Moisès i Jesús, van transmetre el mateix missatge essencial de monoteisme i submissió a Déu. La Shahada, per tant, es veu com una continuació i culminació d'aquest missatge diví, cridant la gent a abraçar la revelació final portada per Mahoma.

Per als musulmans, la Shahada és una font de pau interior i força. Proporciona claredat i propòsit, ancorant les seves vides en l'adoració de Déu i el seguiment de la seva guia. La recitació i reflexió contínua sobre la Shahada reforcen la fe dels musulmans i els inspiren a viure una vida de pietat i rectitud.

En resum, la Shahada és la declaració fundacional de la fe islàmica, que afirma la unitat de Déu i la profecia de Mahoma. És una declaració senzilla però profunda que significa l'entrada d'una persona a l'Islam i serveix com a recordatori constant de les creences bàsiques d'un musulmà. Més enllà de la seva importància teològica, la Shahada té profundes implicacions espirituals i socials, unint els musulmans de tot el món en un compromís compartit amb Déu i el seu missatger. És un principi rector que configura la vida d'un musulmà, inspirant-lo a viure d'acord amb els ensenyaments islàmics i fomentant un sentit de comunitat i fraternitat global.

Purificació i pregària (Salah)

La purificació i l'oració (Salah) són components essencials de la vida espiritual d'un musulmà, formant el segon pilar de l'Islam. Aquestes pràctiques serveixen per establir una connexió directa i personal amb Déu, proporcionar estructura i disciplina a la vida quotidiana i reforçar els principis bàsics de la fe islàmica.

La purificació, o Tahara, és un requisit previ per al Salah i té una importància cabdal a l'Islam. Comprèn tant la neteja física com la puresa espiritual. La purificació física implica pràctiques com Wudu (ablució), Ghusl (rentat ritual de tot el cos) i Tayammum (ablució seca), mentre que la purificació espiritual es refereix a netejar el cor dels pecats i trets nocius.

El Wudu és la forma més comuna de purificació i es realitza abans de cadascuna de les cinc oracions diàries. Implica rentar-se les mans, la boca, el nas, la cara, els braços, el cap i els peus en una seqüència específica. Aquest acte de rentar no només assegura la neteja física, sinó que també serveix com a purificació simbòlica de l'ànima, preparant l'adorador per posar-se davant Déu en un estat de puresa. El Wudu és una pràctica conscient que fa la transició d'una persona del mundà al sagrat, ajudant-los a centrar-se en la seva pregària i intenció.

Ghusl, o la purificació de tot el cos, es requereix en circumstàncies específiques, com ara després de les relacions matrimonials, la menstruació o el part. Consisteix en rentar tot el cos de manera exhaustiva. El Ghusl també es recomana abans de l'oració del divendres (Jumu'ah), les dues oracions de l'Eid i abans d'entrar a l'estat d'Ihram per al Hajj o la Umrah. Aquest rentat integral significa una completa purificació i renovació, assegurant que l'adorador s'acosta a aquests actes significatius de culte en un estat de total neteja.

En situacions en què l'aigua no està disponible o el seu ús és nociu, Tayammum, o ablució en sec, es realitza amb terra o sorra netes. L'adorador els colpeja les mans a la terra neta, després s'eixuga la cara i les mans. Tayammum subratlla la flexibilitat de l'Islam i l'èmfasi en mantenir la puresa, assegurant que l'obligació de l'oració encara es pugui complir malgrat les circumstàncies difícils.

Salah, l'oració ritual islàmica, es realitza cinc vegades al dia a les hores prescrites: Fajr (alba), Dhuhr (migdia), Asr (mitja tarda), Magrib (posta de sol) i Isha (vespre). Aquestes oracions són obligatòries per a tots els musulmans adults i es realitzen de cara a la Kaaba a la Meca. La regularitat de Salah estructura el dia d'un musulmà, i serveix com a recordatori constant de la presència de Déu i de la importància de mantenir una connexió espiritual durant les activitats diàries.

Cada Salah consisteix en una sèrie de postures físiques i recitacions, començant pel Takbir (dient "Allahu Akbar", que significa "Déu és el més gran") i que inclou estar dret, inclinar-se, postrar-se i asseure's. L'oració comença amb la intenció (Niyyah) al cor, afirmant que l'oració s'està realitzant únicament pel bé de Déu. Les accions físiques de Salah van acompanyades de recitacions específiques de l'Alcorà i súpliques, creant una barreja harmònica de cos i esperit en el culte.

El capítol inicial de l'Alcorà, Al-Fatiha, es recita en cada unitat de l'oració, coneguda com a Rak'ah. Aquest capítol és una profunda súplica de guia, misericòrdia i sosteniment, que reflecteix la dependència de Déu de l'adorador. Es reciten versets o capítols alcorànics addicionals, que varien amb cada pregària i enriqueixen l'experiència espiritual. Les postures d'inclinació (Ruku) i postració (Sujood) expressen humilitat i submissió a Déu, simbolitzant el reconeixement per part dels adoradors de la grandesa de Déu i la seva pròpia servitud.

Salah és més que un simple ritual; és un acte de devoció que fomenta la consciència, la disciplina i un profund sentit de l'espiritualitat. Els temps prescrits per a Salah garanteixen que els musulmans es desvinguin regularment de les preocupacions mundanes per centrar-se en la seva relació amb Déu. Aquest compromís regular en l'oració inculca una sensació de pau i equilibri, ajudant a gestionar l'estrès i l'ansietat fonamentant les persones en la seva fe.

L'aspecte comunitari de Salah, particularment la Jumu'ah (oració del divendres), també és significatiu. S'anima als musulmans a resar en congregació, especialment a les mesquites, on es reforça el sentit de comunitat i fraternitat. L'oració del divendres inclou un sermó (Khutbah) pronunciat per l'imam, que ofereix orientació espiritual i pràctica. Aquesta trobada fomenta la unitat, ofereix una oportunitat per a la reflexió comunitària i reforça els valors i els ensenyaments compartits de l'Islam.

Per als musulmans, la disciplina de Salah s'estén més enllà dels temps de pregària, influint en el seu comportament i mentalitat durant tot el dia. Els principis de puntualitat, humilitat i mindfulness cultivats a través de Salah es porten a terme en tots els aspectes de la vida. La pràctica de Salah també promou la igualtat i la solidaritat, ja que els musulmans de tots els orígens estan colze a colze en l'oració, posant èmfasi en la fraternitat i la fraternitat universals a l'Islam.

A més de les oracions obligatòries, també hi ha oracions voluntàries (Nafl) i oracions Sunnah que tenen un gran mèrit espiritual. Aquestes oracions addicionals ofereixen als musulmans l'oportunitat de cercar proximitat a Déu, expressar gratitud i demanar perdó i orientació. Es realitzen en diferents moments del dia i de la nit, oferint flexibilitat i enriquint encara més la rutina espiritual.

En resum, la purificació i l'oració (Salah) són fonamentals per a la vida d'un musulmà, proporcionant un marc per al culte, el creixement espiritual i la conducta ètica. La purificació, mitjançant pràctiques com Wudu, Ghusl i Tayammum, garanteix la preparació física i espiritual per a l'oració. Salah, que es realitza cinc vegades al dia, és un acte disciplinat de devoció que fomenta una connexió profunda amb Déu, inculca la consciència i aporta equilibri a la vida diària. Els aspectes comunitaris i individuals de Salah emfatitzen els valors d'unitat, igualtat i desenvolupament espiritual continu, convertint-lo en una pedra angular de la fe islàmica.

Dejuni (deu)

El dejuni, conegut com Sawm en àrab, és el quart pilar de l'Islam i té una immensa importància espiritual, física i social per als musulmans. S'observa principalment durant el mes sagrat del Ramadà, el novè mes del calendari lunar islàmic, i es considera un dels actes de culte i devoció més profunds. El dejuni durant el Ramadà implica abstenir-se de menjar, beure, fumar i relacions matrimonials des de l'alba (Fajr) fins al capvespre (Maghrib). Tanmateix, Sawm no es limita a l'abstenció física; també inclou un enfocament més gran en el creixement espiritual, l'autodisciplina, l'empatia i la comunitat.

L'observança de Sawm durant el Ramadà commemora la primera revelació de l'Alcorà al profeta Mahoma per part de l'àngel Gabriel. Aquesta revelació, que va començar durant el mes de Ramadà, marca un moment d'immensa reflexió i renovació espiritual per als musulmans. El dejuni es veu com una manera de purificar l'ànima, conrear l'autocontrol i fomentar una connexió més profunda amb Déu.

El dejuni diari comença amb un àpat abans de l'alba anomenat Suhoor. Els musulmans s'aixequen d'hora per menjar i hidratar-se abans de l'oració Fajr. Suhoor es considera un àpat beneït, ja que ajuda a mantenir l'individu durant tot el dia i és recomanat pel profeta Mahoma. És un moment de determinació d'intencions, on els musulmans fan la Niyyah (intenció) de dejunar pel bé de Déu, que és un component crucial de Sawm. A continuació, es trenca el dejuni al capvespre amb l'àpat Iftar, que tradicionalment comença amb el menjar de dàtils i beure aigua, seguint la pràctica del Profeta. Iftar és sovint un esdeveniment comunitari, que reuneix famílies i comunitats per compartir les benediccions de trencar el dejuni.

El dejuni durant el Ramadà no és només un acte d'abstenir-se de les necessitats físiques; és una pràctica integral que inclou la purificació espiritual i la rectitud moral. S'anima als musulmans a augmentar els seus actes de culte, com ara fer oracions addicionals (Taraweeh), recitar i reflexionar sobre l'Alcorà, participar en Dhikr (record de Déu) i fer Dua (súpliques). Aquests actes afavoreixen una relació més estreta amb Déu i ajuden a reforçar els objectius espirituals del Ramadà.

Sawm també posa èmfasi en el comportament moral i el desenvolupament del caràcter. Es demana als musulmans que evitin comportaments negatius com ara mentir, xafardejar i discutir. El dejuni serveix com a recordatori per practicar la paciència, la humilitat i la compassió, cultivant virtuts que s'estenen més enllà del Ramadà. Mitjançant l'exercici de la moderació i centrant-se en accions positives, els musulmans pretenen purificar els seus cors i ments, alineant el seu comportament amb els valors islàmics.

Un dels aspectes més profunds del dejuni és el desenvolupament de l'empatia i la solidaritat amb els que tenen menys sort. Experimentar la fam i la set de primera mà permet als musulmans entendre millor la situació dels pobres i famolencs. Aquesta empatia sovint es tradueix en un augment de les activitats benèfiques durant el Ramadà. S'anima als musulmans a donar generosament, especialment a través de l'acte de Zakat al-Fitr, una forma d'almoina associada específicament al final del Ramadà. Aquesta caritat assegura que els més necessitats també puguin celebrar el final festiu del període de dejuni, Eid al-Fitr, amb alegria i dignitat.

El dejuni també té importants beneficis socials i comunitaris. El Ramadà fomenta un fort sentit de comunitat a mesura que els musulmans es reuneixen per menjar Suhoor i Iftar, realitzen oracions Taraweeh junts i participen en esdeveniments comunals. Aquesta observancia col·lectiva reforça els vincles dins de la comunitat musulmana i reforça els valors d'unitat i fraternitat. L'experiència compartida de dejuni i adoració crea un profund sentiment de pertinença i suport mutu.

Tot i que el dejuni durant el Ramadà és obligatori per a tots els musulmans adults, hi ha excepcions per a aquells que no poden dejunar per malaltia, embaràs, lactància materna, menstruació, viatges o vellesa.

L'Islam ofereix flexibilitat i compassió en aquests casos, permetent a les persones recuperar els dejunis perduts en un moment posterior o, si no poden fer-ho, proporcionar fidya (una forma de compensació) alimentant els pobres. Això garanteix que els aspectes espirituals i comunitaris del Ramadà siguin inclusius i accessibles per a tothom.

Més enllà del Ramadà, el dejuni també es practica en altres dies significatius del calendari islàmic i com a actes voluntaris de culte. Per exemple, el dejuni el dia d'Arafah, el novè dia del mes islàmic de Dhu al-Hijjah, és molt recomanable per als no pelegrins i es creu que expia els pecats de l'any anterior i el següent. A més, el profeta Mahoma va encoratjar el dejuni els dilluns i dijous i els dies 13, 14 i 15 de cada mes lunar, coneguts com els dies blancs. Aquests dejunis voluntaris ofereixen més oportunitats per al creixement espiritual i la disciplina.

També s'han reconegut els beneficis per a la salut del dejuni. Molts estudis suggereixen que el dejuni pot millorar la salut metabòlica, millorar la claredat mental i promoure la desintoxicació. La pràctica fomenta l'alimentació conscient i afavoreix una major apreciació pel sosteniment i la nutrició. Tanmateix, la motivació principal per al dejuni a l'Islam és espiritual i ètica més que física.

En resum, el dejuni (Sawm) és una pràctica polifacètica que inclou l'abstenció física, el creixement espiritual i la millora moral. Observat principalment durant el mes de Ramadà, commemora la revelació de l'Alcorà i serveix com un moment perquè els musulmans purin les seves ànimes, practiquen l'autodisciplina i fomentin l'empatia pels menys afortunats. Els aspectes comunitaris i socials de Sawm enforteixen els llaços dins de la comunitat musulmana, mentre que el propi acte de dejuni promou virtuts que s'estenen més enllà del període de dejuni. Ja sigui durant el Ramadà o en altres dies significatius, Sawm és una profunda expressió de devoció, compassió i unitat en la fe islàmica.

Caritat (Zakat)

La caritat, o Zakat, és el tercer pilar de l'Islam i representa un aspecte fonamental de la fe i la pràctica d'un musulmà. És un acte obligatori de donar que pretén purificar la riquesa i donar suport als que ho necessiten. El zakat no és només un acte de generositat; és una obligació ordenada per Déu per assegurar la distribució justa de la riquesa i fomentar un sentit de justícia social i solidaritat dins de la comunitat musulmana.

El terme "Zakat" significa "purificació" i "creixement", reflectint el seu doble propòsit de purificar la pròpia riquesa de les impureses i fomentar el creixement espiritual i social. En donar una part de la seva riquesa a aquells que ho necessiten, els musulmans compleixen el seu deure amb Déu i ajuden a alleujar la pobresa i la desigualtat. La pràctica del Zakat està arrelada a l'Alcorà i als ensenyaments del profeta Mahoma, que va emfatitzar la importància de les donacions caritatives com a mitjà per aconseguir la justícia i mantenir l'equilibri social.

L'obligació del Zakat es basa en el principi que tota riquesa pertany a Déu i els humans en són només administradors. Com a tal, els musulmans han de donar un percentatge fix de la seva riquesa a aquells que ho necessiten. La taxa estàndard de Zakat és del 2,5% dels estalvis i inversions acumulats que s'han mantingut durant almenys un any lunar. Aquest percentatge s'aplica a diverses formes de riquesa, com ara diners en efectiu, or, plata, accions i altres actius.

Les categories de destinataris elegibles per al Zakat es descriuen a l'Alcorà i inclouen:

1. **Els pobres (Fuqara)** : persones que no tenen necessitats bàsiques i viuen per sota del llindar de la pobresa. Necessiten ajuda econòmica per cobrir les seves necessitats diàries.
2. **El Necessari (Masaakeen)** : aquells que potser no són indigents però que encara lluiten per arribar a finals de mes.

Necessiten suport per millorar la seva situació econòmica.

3. **Col·leccionistes de Zakat (Amil)** : Persones designades per recollir i distribuir Zakat. Tenen dret a una part dels fons Zakat pels seus esforços en la gestió d'aquest procés benèfic.

4. **Aquells els cors dels quals s'han de reconciliar** : nous musulmans o aquells inclinats cap a l'islam que poden necessitar suport econòmic per enfortir la seva fe i compromís.

5. **Els endeutats (Gharimeen)** : Persones que estan carregades de deutes i no poden pagar-los. El zakat es pot utilitzar per ajudar-los a saldar els seus deutes i recuperar l'estabilitat financera.

6. **Al camí de Déu (Fi Sabeelillah)** : aquesta categoria inclou finançament per a diverses formes de treballs benèfics i activitats religioses que beneficien la comunitat i promouen les causes islàmiques.

7. **El viatger (Ibn as-Sabeel)** : persones que estan encallades o viatjant i necessiten ajuda econòmica per continuar el seu viatge o tornar a casa.

El procés de donar Zakat implica calcular l'import degut i distribuir-lo als destinataris elegibles. S'anima als musulmans a donar Zakat amb sinceritat i sentit de la responsabilitat, assegurant-se que arribi a aquells que realment ho necessiten. També es recomana donar Zakat tan aviat com sigui possible, especialment durant el mes sagrat del Ramadà, quan l'acte de donar té recompenses espirituals addicionals.

A més del Zakat, hi ha una altra forma de caritat voluntària a l'Islam coneguda com Sadaqah. A diferència del Zakat, el Sadaqah no és obligatori i es pot donar en qualsevol moment i en qualsevol quantitat. Comprèn una àmplia gamma d'actes benèfics, incloses donacions monetàries, ajudar els altres i donar suport a aquells que ho necessiten.

Sadaqah permet als musulmans anar més enllà dels requisits obligatoris del Zakat i participar en actes de bondat i generositat en la seva vida diària.

La pràctica del Zakat i la Sadaqah té diversos propòsits importants a l'Islam. En primer lloc, actua com un mitjà per purificar la riquesa i reconèixer que, en última instància, és una benedicció de Déu. En donar una part de la seva riquesa, els musulmans expressen gratitud i mantenen la humilitat. En segon lloc, Zakat promou la justícia social redistribuint la riquesa i abordant les disparitats econòmiques. Ajuda a garantir que els recursos es comparteixen de manera més equitativa i que es satisfan les necessitats dels menys afortunats.

A més, Zakat fomenta un sentit de comunitat i solidaritat entre els musulmans. L'acte col·lectiu de donar reforça els vincles entre les persones i reforça els valors de compassió i suport mutu. També ajuda a crear un sentit de responsabilitat compartida pel benestar dels altres i anima els musulmans a contribuir positivament a les seves comunitats.

L'administració i distribució de Zakat es pot gestionar individualment o mitjançant organitzacions benèfiques organitzades. Molts musulmans opten per donar Zakat a través d'entitats benèfiques establertes que asseguren que els fons es distribueixen de manera eficient i eficaç a aquells que ho necessiten. Aquestes organitzacions sovint proporcionen transparència i responsabilitat, assegurant que els fons Zakat s'utilitzen adequadament i arriben als destinataris previstos.

En resum, el Zakat és un pilar vital de l'Islam que encarna els principis de caritat, purificació i justícia social. Requereix que els musulmans donin un percentatge fix de la seva riquesa a aquells que ho necessiten, assegurant la distribució justa dels recursos i fomentant un sentit de comunitat i solidaritat. Al costat de Zakat, la caritat voluntària (Sadaqah) enriqueix encara més la pràctica de donar i destaca la importància de la compassió i la generositat en la vida quotidiana. En conjunt, aquestes pràctiques juguen un paper crucial en el manteniment dels valors ètics i espirituals de l'Islam i la promoció d'una societat més justa i equitativa.

Pelegrinatge (Hajj)

El Hajj és el cinquè pilar de l'Islam i representa un dels actes de culte i devoció més profunds en la vida d'un musulmà. És un pelegrinatge a la Meca, la ciutat més santa de l'Islam, i es realitza anualment durant el mes islàmic de Dhu al-Hijjah. El Hajj és un deure religiós obligatori per a tots els musulmans adults que siguin físicament i econòmicament capaços de realitzar-lo almenys una vegada a la vida. El pelegrinatge té un profund significat espiritual i serveix com a culminació de la fe i la pràctica islàmiques.

Els rituals del Hajj estan profundament arrelats a les tradicions del profeta Abraham (Ibrahim) i la seva família. El pelegrinatge commemora les accions d'Abraham, la seva dona Agar (Hajar) i el seu fill Ismael (Isma'il). Simbolitza la fe perdurable i la submissió a Déu demostrada per aquesta família fonamental. Els ritus del Hajj inclouen diversos rituals clau que s'han de realitzar en una seqüència i un lloc específics, cadascun amb rics significats històrics i espirituals.

El pelegrinatge comença amb la fase de preparació, coneguda com Ihram. Els pelegrins entren a l'estat d'Ihram amb peces de vestir especials: blanques, senzilles i sense cosir per als homes, i roba modesta per a les dones. Ihram significa puresa i igualtat, ja que tots els pelegrins semblen iguals, deixant de banda les distincions mundanes i centrant-se únicament en la seva devoció a Déu. Els pelegrins fan una declaració verbal (Talbiyah) afirmant la seva intenció de realitzar el Hajj i buscar la misericòrdia de Déu.

El primer ritual important del Hajj és el Tawaf, l'acte de circumambular la Kaaba, l'estructura sagrada en forma de cub negre al centre de la Masjid al-Haram a la Meca. Els pelegrins caminen al voltant de la Kaaba set vegades en sentit contrari a les agulles del rellotge, simbolitzant la unitat i la centralitat de Déu en la fe musulmana. El tawaf es realitza a l'arribada a la Meca i de nou al final del pelegrinatge, reforçant la connexió del pelegrí amb el santuari sagrat.

Després de Tawaf, els pelegrins realitzen Sa'i, que consisteix a caminar set vegades entre els turons de Safa i Marwah. Aquest ritual commemora la recerca desesperada d'Agar d'aigua per al seu fill Ismael, reflectint la seva fe i perseverança. L'acte de Sa'i subratlla la importància de la confiança en Déu i les benediccions que sorgeixen de la fermesa en temps de prova.

El vuitè dia de Dhu al-Hijjah, els pelegrins viatgen a Mina, un petit poble prop de la Meca, i passen la nit en una gran ciutat de tendes. Aquest dia es coneix com Yawm al-Tarwiyah, o el Dia de la Intenció. L'endemà, els pelegrins es dirigeixen a la plana d'Arafat, on es mantenen en una súplica i reflexió sincera des del migdia fins a la posta de sol. Aquesta reunió a Arafat és el cim del Hajj i simbolitza el Dia del Judici. L'acte de posar-se a Arafat (Wuquf) és un moment per a una profunda reflexió espiritual, pregària i recerca del perdó de Déu.

Després de la posta de sol el dia d'Arafat, els pelegrins es traslladen a Muzdalifah, on recullen còdols per al ritual de Rami al-Jamarat. Muzdalifah també és un moment per a la pregària comunal i la reflexió a cel obert. La nit passada a Muzdalifah reforça el sentit d'igualtat i unitat entre els pelegrins.

El desè dia de Dhu al-Hijjah, conegut com a Eid al-Adha, els pelegrins realitzen el ritual de Rami al-Jamarat, o la lapidació del diable. Es tracta de llançar set còdols a tres pilars de pedra, simbolitzant el rebuig del mal i la temptació. Després d'això, els pelegrins realitzen el sacrifici ritual d'un animal (normalment una ovella, una cabra, una vaca o un camell) en commemoració de la voluntat d'Abraham de sacrificar el seu fill en obediència a Déu. La carn del sacrifici es reparteix entre la família, els amics i els necessitats, reflectint els valors de generositat i caritat.

Després del sacrifici ritual, els pelegrins realitzen Tawaf al-Ifadah, una segona circumambulació de la Kaaba, que significa la finalització bàsica del pelegrinatge. Després d'això, els pelegrins poden afaitar-se el cap (en el cas dels homes) o tallar-se una petita part del cabell (en el cas de les dones) com a senyal d'humilitat i renovació. Aquest acte, conegut com Tahallul, simbolitza l'eliminació dels vincles mundans i el retorn del pelegrí a un estat de puresa.

Els dies restants del Hajj impliquen la realització de rituals addicionals, inclosa una altra ronda de Tawaf, coneguda com Tawaf al-Wada, que es realitza abans de sortir de la Meca. Els pelegrins també tornen a Mina per realitzar la lapidació addicional dels pilars durant els propers dies, completant el cicle ritual.

El Hajj conclou amb el retorn a la Meca per a un Tawaf final i la celebració de l'Eid al-Adha. Tot el pelegrinatge serveix com a expressió profunda de fe, submissió i unitat entre els musulmans de tot el món. Ofereix una oportunitat única per a la renovació espiritual, la reflexió personal i l'aprofundiment de la relació amb Déu.

A més del seu significat espiritual, el Hajj fomenta un sentit d'unitat musulmana global. Pelegrins de diversos orígens culturals, ètnics i nacionals es reuneixen, reflectint la universalitat del missatge islàmic i la igualtat de tots els creients davant Déu. Aquesta experiència compartida reforça el concepte d'Ummah, la comunitat musulmana global, i posa de manifest els vincles comuns que uneixen els musulmans de tot el món.

En resum, el Hajj és un pilar central de l'Islam que engloba una sèrie de rituals profundament significatius realitzats a la Meca. El pelegrinatge simbolitza la fe, la submissió i la unitat i ofereix una oportunitat per a la renovació espiritual i la reflexió. Mitjançant els seus ritus (Ihram, Tawaf, Sa'i, dempeus a Arafat, apedregant els pilars i el sacrifici ritual), el Hajj commemora el llegat del profeta Abraham i la seva família alhora que reforça els valors fonamentals de l'Islam. El pelegrinatge serveix com una poderosa expressió de devoció, igualtat i solidaritat musulmana global, la qual cosa la converteix en una experiència profunda i transformadora per a qui l'emprèn.

Lleis dietètiques

Les lleis dietètiques a l'Islam, conegudes com Halal i Haram, són aspectes essencials de la vida diària d'un musulmà, que orienten el que és permès i prohibit consumir. Aquestes lleis estan arrelades a l'Alcorà i als Hadith (dites i pràctiques del profeta Mahoma) i tenen com a objectiu garantir que els musulmans consumeixin aliments i begudes que siguin purs, saludables i que afavoreixin el benestar físic i espiritual.

El terme "Halal" significa "permès" o "lícit" i es refereix a tot allò que està permès per la llei islàmica. Per contra, "Haram" significa "prohibit" o "prohibit". Aquestes lleis dietètiques cobreixen no només els tipus d'aliments i begudes que els musulmans poden consumir, sinó també la manera com es preparen i processen els aliments.

Un dels aspectes més fonamentals de les lleis dietètiques islàmiques és la prohibició de determinats aliments i begudes. La més coneguda d'aquestes prohibicions és el consum de carn de porc i els seus subproductes. L'Alcorà prohibeix explícitament la carn de porc, considerant-la impura. Aquesta prohibició s'estén a totes les formes de carn de porc, inclosa la cansalada, el pernil i la llard de porc.

Una altra prohibició important és el consum d'alcohol i drogues. L'Alcorà diu clarament que els intoxicants són nocius i s'han d'evitar, ja que perjudiquen el judici i dificulten la capacitat d'una persona per complir els seus deures religiosos. Això inclou no només les begudes alcohòliques, sinó també qualsevol substància que provoqui intoxicació.

A més d'aquestes prohibicions específiques, també es regula estrictament el mètode de sacrifici d'animals per al consum. Perquè la carn es consideri Halal, ha de provenir d'un animal admissible, i la matança s'ha de fer segons la llei islàmica, un procés conegut com a Dhabihah. L'animal ha d'estar sa i tractat humanament abans de la matança. La persona que realitza la matança ha de ser musulmà i ha d'invocar el nom de Déu (dient "Bismillah, Allahu Akbar") abans de fer una incisió ràpida i profunda a la gola, tallant la tráquea, les venes jugulars i les artèries caròtides. Aquest mètode garanteix que la mort de l'animal sigui ràpida i minimitza el patiment, i permet que la sang s'escorre del cos, que també és un requisit, ja que està prohibit consumir sang.

A més d'aquests principis fonamentals, hi ha diverses altres directrius que els musulmans segueixen pel que fa a la seva dieta. Per exemple, qualsevol aliment o beguda que contingui ingredients derivats de fonts Haram també es considera Haram. Això inclou additius, aromatitzants i colorants derivats de fonts no halal. Per tant, els musulmans han d'estar atents a l'hora de llegir les etiquetes dels ingredients i assegurar-se que els productes que consumeixen tinguin la certificació Halal.

El concepte de Tayyib, que significa "pur" o "sà", també és un aspecte important de les lleis dietètiques islàmiques. S'anima als musulmans a consumir aliments que no només siguin halal sinó també nutritius i beneficiosos per a la seva salut. Aquest principi posa l'accent en la importància d'una dieta equilibrada i saludable, que inclou fruites, verdures, cereals i altres aliments naturals que proporcionen nutrients essencials.

Durant el mes sagrat del Ramadà, els musulmans dejunen des de l'alba fins a la posta del sol, abstenint-se de menjar i beure durant les hores del dia. L'àpat abans de l'alba (Suhoor) i l'àpat per trencar el dejuni (Iftar) són aspectes significatius de l'experiència del dejuni. Ambdós àpats són ocasions de trobada i reflexió comunitària. El dejuni es trenca tradicionalment amb dàtils i aigua, seguit d'un àpat nutritiu. El dejuni durant el Ramadà reforça els principis d'autodisciplina, empatia pels menys afortunats i gratitud per les provisions de Déu.

A més d'aquestes lleis dietètiques bàsiques, també hi ha diverses pràctiques culturals i tradicions relacionades amb el menjar que difereixen entre les comunitats musulmanes d'arreu del món. Tot i que els principis fonamentals de Halal i Haram segueixen sent coherents, els aliments específics i els costums culinaris poden variar molt, reflectint la diversitat dins de la Ummah (comunitat) musulmana. Aquestes pràctiques culturals sovint estan influenciades per ingredients regionals, mètodes de cuina i interaccions històriques amb altres cultures.

A més, la indústria alimentària global moderna planteja nous reptes i oportunitats per complir amb les lleis dietètiques Halal. La disponibilitat de productes certificats Halal ha augmentat significativament, cosa que facilita als musulmans trobar aliments permesos a diverses parts del món. Les agències de certificació Halal tenen un paper crucial a l'hora de verificar que els productes compleixen els estàndards dietètics islàmics, proporcionant seguretat als consumidors. No obstant això, els musulmans encara han de mantenir-se vigilants per assegurar-se que els aliments que consumeixen compleixin els estàndards Halal, especialment quan mengen fora o compren aliments processats.

En resum, les lleis dietètiques islàmiques són directrius integrals que regeixen el que els musulmans poden i no poden consumir, assegurant que la seva dieta s'alinea amb la seva fe. Aquestes lleis posen l'accent en la importància de consumir aliments Halal i Tayyib, evitant articles prohibits com la carn de porc i l'alcohol, i adherint-se a pràctiques ètiques i humanes en la preparació d'aliments. Seguint aquestes lleis dietètiques, els musulmans no només compleixen una obligació religiosa sinó que també promouen el benestar físic i espiritual, reflectint la naturalesa holística de l'Islam. Els principis de Halal i Haram, juntament amb l'èmfasi en els aliments saludables i nutritius, guien els musulmans a prendre decisions dietètiques conscients i ètiques en la seva vida diària.

Vestit i Modestia

A l'Islam, el vestit i la modèstia són components integrals de la vida quotidiana d'un musulmà i reflecteixen valors ètics i espirituals més amplis. Les directrius de vestimenta i comportament, conegudes com a hijab, estan dissenyades per promoure la modèstia, la humilitat i el sentit de la dignitat. Aquests principis estan arrelats a l'Alcorà i als Hadith (ensenyaments i pràctiques del profeta Mahoma) i s'apliquen tant a homes com a dones, encara que les pràctiques específiques poden variar.

La modestia a l'Islam abasta més que la roba; inclou el comportament, la parla i el comportament general. El concepte de modèstia (haya) és un principi moral integral que anima els musulmans a viure amb humilitat i respecte cap a ells mateixos i els altres. Es tracta de fomentar una actitud d'humilitat i decència, evitar l'arrogància i mantenir una presència respectuosa i honorable a la societat.

Per a les dones, la modèstia en la vestimenta normalment implica cobrir el cos d'una manera que no atregui una atenció indeguda. Sovint, això inclou portar roba fluixa que cobreixi tot el cos, excepte la cara i les mans. El hijab, un mocador que cobreix els cabells i el coll, és una expressió habitual d'aquest principi. Algunes dones també poden optar per portar cobertes addicionals, com el nicab (un vel que cobreix la cara) o el burqa (una cobertura de tot el cos), depenent de les pràctiques culturals i les conviccions personals.

L'Alcorà proporciona pautes generals per a la vestimenta de les dones a la Sura An-Nur (24:31): "I digueu a les dones creients que baixin la mirada i guardin les seves parts íntimes i que no exposin els seus adorns, excepte allò que [necessàriament] apareix en ella i embolicar [una part de] els seus caps al pit i no exposar els seus adorns sinó als seus marits, als seus pares, als seus marits, als seus fills, als fills dels seus marits, als seus germans, als fills dels seus germans, als fills de les seves germanes. , les seves dones, allò que posseeixen les seves mans dretes, o aquells assistents masculins que no tenen desig físic, o nens que encara no són conscients dels aspectes privats de les dones". Aquest vers subratlla la importància de cobrir i de modèstia alhora que permet certes excepcions en presència de familiars propers i d'aquells que no representen un risc per a la seva modèstia.

Per als homes, la modèstia també implica portar roba allargada que cobreixi el cos com a mínim des del melic fins als genolls. S'anima als homes a evitar la roba massa ajustada o reveladora i a presentar-se amb dignitat. L'Alcorà instrueix als homes de la mateixa manera a la Sura An-Nur (24:30): "Digues als creients que baixin la mirada i guardin les seves parts íntimes. Això és més pur per a ells. De fet, Al·là està familiaritzat amb el que fan". Aquest vers destaca la importància del comportament i la vestimenta modestos per als homes, posant èmfasi en els beneficis espirituals de mantenir la modèstia.

Més enllà de les pautes específiques de roba, la modèstia a l'Islam també inclou el comportament i la interacció amb els altres. S'anima als musulmans a parlar amb respecte, evitar la fanfarroneria i comportar-se amb humilitat. Això inclou les interaccions entre homes i dones, on la modèstia i el respecte han de guiar el comportament. L'objectiu és crear una societat on les persones interactuïn entre elles de manera que es mantingui la dignitat i fomenti el respecte mutu.

Tot i que els principis bàsics de la modèstia són coherents a tot el món musulmà, l'expressió d'aquests principis pot variar àmpliament en funció de factors culturals, regionals i individuals. En algunes cultures predominen els estils de vestimenta tradicionals que s'alineen amb els principis islàmics de modèstia, com l'abaya als països àrabs, el salwar kameez al sud d'Àsia o el baju kurung al sud-est asiàtic. Aquestes peces de vestir tradicionals sovint reflecteixen el patrimoni religiós i cultural.

En contextos contemporanis, molts musulmans adapten la moda moderna per alinear-se amb les directrius de modèstia islàmica. Això ha donat lloc a la indústria de la moda modesta, que ofereix una àmplia gamma d'opcions de roba elegants però modestes tant per a homes com per a dones. Aquestes modes permeten als musulmans expressar la seva individualitat i estil personal alhora que s'adhereixen als principis de modèstia. L'auge de la moda modesta posa de manifest l'adaptabilitat de les directrius islàmiques a diferents contextos i preferències personals.

La modestia a l'Islam no consisteix a imposar uniformitat sinó a animar els individus a interioritzar i expressar els seus valors d'una manera que s'alinea amb la seva fe. Es tracta de prendre decisions conscients que reflecteixin el compromís d'un amb els principis de l'Islam, fomentant un entorn de respecte mutu i dignitat.

A més de les opcions personals, les directrius islàmiques per a la modèstia també tenen implicacions socials. Promouen una cultura de respecte i decència, descoratjant comportaments i tendències que poden conduir a la corrupció o l'explotació moral. En emfatitzar la modèstia, l'Islam pretén protegir els individus i la societat de les conseqüències negatives de la desmesura, com l'objectivació, l'assetjament i la decadència moral.

Els crítics de les pautes de vestimenta i modèstia islàmiques sovint les consideren restrictives o opressives, especialment per a les dones. No obstant això, molts musulmans veuen aquestes directrius com a empoderadores, que proporcionen un marc per viure una vida digna i respectuosa. Per a moltes dones, portar el hijab o altres formes de vestit modest és una opció personal que reflecteix la seva fe, identitat i compromís amb els valors islàmics. És una font d'apoderament i un mitjà per afirmar la seva agència en una societat que sovint jutja les dones en funció del seu aspecte.

En resum, la vestimenta i la modèstia a l'Islam són principis fonamentals que guien la conducta i l'aparença d'un musulmà. Aquestes directrius, arrelades a l'Alcorà i als hadiz, emfatitzen la importància de la humilitat, el respecte i la dignitat tant per als homes com per a les dones. Tot i que l'expressió d'aquests principis pot variar àmpliament en diferents cultures i contextos, els valors subjacents segueixen sent coherents. La modestia a l'Islam abasta més que la roba; inclou el comportament, la parla i el comportament general, fomentant un entorn de respecte mutu i integritat moral. Mitjançant aquestes directrius, l'Islam pretén protegir la dignitat de les persones i promoure una societat justa i respectuosa.

Rols i relacions de gènere

Els rols i les relacions de gènere a l'Islam es regeixen per una combinació de textos religiosos, tradicions culturals i interpretacions contemporànies. L'Alcorà i l'Hadith proporcionen les directrius fonamentals per als rols i les responsabilitats d'homes i dones, posant èmfasi en els principis d'equitat, respecte mutu i rols complementaris. Aquestes directrius pretenen crear una societat equilibrada i harmoniosa on ambdós gèneres puguin desenvolupar el seu potencial i contribuir al benestar de la comunitat.

A l'Islam, els homes i les dones són considerats iguals als ulls de Déu, i cadascun té drets i responsabilitats específics. L'Alcorà afirma explícitament que els homes i les dones són creats a partir d'una sola ànima i són socis en la fe i la vida. Aquesta igualtat espiritual és una pedra angular dels ensenyaments islàmics, emfatitzant que tots dos gèneres són responsables de les seves accions i seran jutjats per Déu en funció de les seves accions, no del seu gènere.

Els rols d'homes i dones a l'Islam sovint es descriuen com a complementaris i no pas idèntics. Això vol dir que si bé els homes i les dones poden tenir diferents rols i responsabilitats, aquests rols estan pensats per treballar conjuntament per donar suport a la família i a la comunitat en general. La visió tradicional assigna als homes el paper de proveïdor i protector, responsable del manteniment econòmic i de la seguretat de la família. Les dones, tradicionalment, són considerades com les principals cuidadores i educadores, responsables de la criança dels fills i de la gestió de la llar.

L'Alcorà descriu aquests rols a la Sura An-Nisa (4:34), afirmant: "Els homes són els protectors i mantenedors de les dones, perquè Al·là li ha donat més (força) a una que a l'altra, i perquè els donen suport des de els seus mitjans". Aquest vers fa èmfasi en el deure dels homes de proveir i protegir les seves famílies, alhora que reconeix el paper complementari de la dona en la vida familiar. Tanmateix, és important tenir en compte que aquests rols no són rígids i es poden adaptar en funció de les circumstàncies individuals i del mutu acord entre cònjuges.

Els drets de les dones a l'Islam són extensos i van ser revolucionaris per a la seva època. L'Alcorà i l'Hadith atorguen a les dones el dret de posseir propietats, heretar, buscar educació i treballar. Les dones tenen dret al suport econòmic dels seus marits i tenen dret a demanar el divorci si és necessari. El profeta Mahoma va destacar la importància de tractar les dones amb amabilitat i respecte, afirmant: "Els millors de vosaltres sou aquells que són els millors per a les seves dones".

El matrimoni a l'Islam es veu com una associació basada en el respecte mutu, l'amor i la compassió. Els dos cònjuges tenen drets i deures l'un envers l'altre, i la seva relació pretén ser una font de tranquil·litat i suport. L'Alcorà descriu aquesta relació a la Sura Ar-Rum (30:21): "I entre els seus signes hi ha que va crear per a vosaltres mateixos companys perquè hi trobeu tranquil·litat; i va posar entre vosaltres l'afecte i la misericòrdia". Aquest vers destaca el vincle emocional i espiritual entre els cònjuges i la importància del suport i la comprensió mutus.

En l'època contemporània, la interpretació i l'aplicació dels rols de gènere a l'Islam varien àmpliament entre les diferents cultures i comunitats. Alguns països de majoria musulmana han fet avenços significatius en la promoció de la igualtat de gènere, amb la participació de les dones en tots els aspectes de la vida pública i professional. Les oportunitats educatives per a les dones s'han ampliat i les dones assumeixen cada cop més funcions de lideratge en diversos sectors. En aquests contextos, els rols tradicionals de gènere estan evolucionant per reflectir les realitats modernes, amb homes i dones compartint responsabilitats familiars i laborals.

Tanmateix, en algunes cultures, les interpretacions tradicionals dels rols de gènere romanen profundament arrelades, sovint influenciades per pràctiques culturals més que per principis religiosos. En aquests contextos, les dones poden enfrontar-se a restriccions en la seva mobilitat, educació i participació en la vida pública. És important distingir entre les pràctiques culturals i els ensenyaments islàmics, ja que aquests últims defensen la justícia, l'equitat i el respecte als dos gèneres.

El feminisme islàmic és un moviment que pretén reinterpretar els textos islàmics des d'una perspectiva equitativa de gènere, desafiant les interpretacions patriarcals i defensant els drets de les dones en un marc islàmic. Les feministes islàmiques argumenten que moltes pràctiques restrictives són culturals més que religioses i que un retorn als principis bàsics de l'Alcorà i l'Hadith pot donar suport a una major igualtat de gènere. Destaquen la importància de l'educació i el compromís crític amb els textos religiosos per empoderar les dones i promoure la justícia social.

Pel que fa a les relacions interpersonals, es destaca la modèstia i la interacció respectuosa entre gèneres. S'anima els homes i les dones a comportar-se amb dignitat i evitar comportaments que puguin conduir a relacions inadequades o comprometre la seva integritat moral. El principi de modèstia (haya) guia les interaccions, assegurant que ambdós gèneres mantenen un comportament respectuós i professional en entorns socials i professionals.

La família es considera la pedra angular de la societat musulmana, i les relacions familiars fortes i saludables són molt valorades. El benestar de la família és una responsabilitat col·lectiva, tant els homes com les dones tenen un paper vital en la cura i el suport dels seus fills. Els rols dels pares es consideren complementaris, amb tots dos progenitors contribuint al desenvolupament moral i educatiu dels seus fills.

En resum, els rols i les relacions de gènere a l'Islam es basen en principis d'equitat, respecte mutu i rols complementaris. Tot i que els homes i les dones poden tenir diferents responsabilitats, aquests rols estan pensats per donar suport a la família i la comunitat en el seu conjunt. Els ensenyaments islàmics atorguen a les dones amplis drets i subratllen la importància de tractar les dones amb amabilitat i respecte. La interpretació i aplicació dels rols de gènere varien àmpliament entre les cultures, i els moviments contemporanis com el feminisme islàmic busquen promoure la igualtat de gènere en un marc islàmic. La modestia i la interacció respectuosa entre gèneres són principis clau que guien les relacions interpersonals, assegurant que tant els homes com les dones mantinguin la dignitat i la integritat en les seves interaccions.

Etiqueta i costums islàmics

L'etiqueta i les maneres islàmiques, conegudes com a *adab*, són aspectes essencials de la vida d'un musulmà, que orienten les interaccions amb els altres, el comportament personal i la conducta en diverses situacions. Aquests principis estan profundament arrelats en els ensenyaments de l'Alcorà i l'Hadith i subratllen la importància del respecte, la humilitat, la bondat i la compassió en tots els aspectes de la vida. *Adab* no es tracta només d'un comportament extern, sinó també de conrear un sentit interior de moralitat i decència que reflecteixi la pròpia fe.

Un dels principis bàsics de l'etiqueta islàmica és el respecte als altres. Això inclou mostrar amabilitat i consideració a les persones, independentment del seu estatus, religió o antecedents. L'Alcorà anima els musulmans a parlar amablement i respectuosament, com en la Sura Al-Isra (17:53): "I digueu als meus servents que diguin el que és millor. De fet, Satanàs indueix [dissensió] entre ells. De fet, Satanàs és mai, per a la humanitat, un clar enemic". Aquest vers destaca la importància d'utilitzar un bon discurs per fomentar relacions positives i evitar conflictes.

El respecte s'estén a tots els àmbits de la vida, inclosa la manera com es tracta els pares, els ancians i els veïns. L'Alcorà i l'Hadith posen gran èmfasi en els drets dels pares, instant els musulmans a tractar-los amb el màxim respecte i amabilitat. A la Sura Al-Isra (17:23), s'afirma: "I el vostre Senyor ha decretat que no l'adoreu, excepte a Ell, i als pares, un bon tracte. Tant si un com tots dos arriben a la vellesa [mentre] amb vosaltres, no els digueu [tant com], 'uff', i no els rebutgeu, sinó que els digueu una paraula noble". Això posa de manifest el deure de cuidar i honrar els pares, especialment en la seva vellesa.

Les maneres islàmiques també subratllen la importància de l'honestedat i la integritat. S'anima als musulmans a ser sincers en les seves paraules i accions, ja que la mentida i l'engany es consideren pecats importants. El profeta Mahoma va dir: "La veracitat condueix a la rectitud, i la rectitud condueix al Paradís. Un home continua dient la veritat fins que Al·là l'enregistra com a verídic. La mentida condueix a la maldat, i la maldat porta a l'infern. Un home pot continuar dient. menteix fins que és registrat amb Al·là com un mentider" (Sahih Muslim). Aquest hadiz subratlla la importància de la veracitat com a virtut clau en l'Islam.

La generositat i la caritat també són components centrals de les maneres islàmiques. S'anima als musulmans a ser generosos amb la seva riquesa, temps i recursos, ajudant els que ho necessiten i contribuint al benestar de la comunitat. El profeta Mahoma va dir: "L'ombra del creient el dia de la resurrecció serà la seva caritat" (Tirmidhi). Aquest ensenyament reflecteix la idea que els actes de bondat i generositat són molt valorats a l'Islam i contribueixen al desenvolupament espiritual i moral d'un.

L'hospitalitat és un altre aspecte important de l'etiqueta islàmica. L'Alcorà i l'Hadith animen els musulmans a ser hospitalaris i a tractar els hostes amb amabilitat i respecte. El profeta Mahoma va dir: "Qui creu en Al·là i en l'últim dia ha d'honorar el seu convidat" (Sahih Bukhari). Aquesta tradició d'hospitalitat està profundament arrelada a les cultures musulmanes, on donar la benvinguda als hostes i satisfer les seves necessitats es considera un deure i una font de benedicció.

Les maneres islàmiques també orienten el comportament en les interaccions socials. S'anima als musulmans a saludar-se amb pau, fent servir la salutació "As-Salamu Alaikum" (La pau sigui amb vosaltres). Aquesta salutació no és només una forma de cortesia sinó també una pregària pel benestar de l'altre. Respondre amb "Wa Alaikum As-Salam" (I amb tu sigui la pau) completa l'intercanvi i reforça el respecte mutu i la bona voluntat.

A més de les interaccions socials, l'Islam proporciona pautes específiques per a les maneres en diverses situacions, com ara menjar, visitar els altres i la conducta pública. Per exemple, quan mengen, als musulmans se'ls ensenya a començar amb el nom d'Al·là dient "Bismillah" (En nom de Déu), menjar amb la mà dreta i evitar el malbaratament. El profeta Mahoma va dir: "El fill d'Adam no omple cap recipient pitjor que el seu estómac. N'hi ha prou amb que el fill d'Adam mengi uns quants gos per mantenir-lo en marxa. Si ha de fer això, que ompli un... tercer amb menjar, un terç amb beguda i un terç amb aire" (Tirmidhi). Aquest hadiz posa èmfasi en la moderació i l'atenció plena en l'alimentació.

Quan visiten altres persones, s'anima als musulmans a demanar permís abans d'entrar a casa d'algú, trucar a la porta i esperar una invitació per entrar. L'Alcorà aconsella a la Sura An-Nur (24:27): "Oh, vosaltres que heu cregut, no entreu en altres cases que no siguin les vostres fins que no hàgiu rebut la benvinguda i saludeu els seus habitants. Això és el millor per a vosaltres; potser ho faràs. ser recordat". Aquest vers destaca la importància de respectar la privadesa dels altres i ser cortès en les interaccions socials.

En la conducta pública, les maneres islàmiques destaquen la humilitat, la modèstia i la consideració pels altres. S'anima als musulmans a evitar l'arrogància i l'orgull, a abaixar la mirada en les interaccions amb el gènere oposat i a vestir-se amb modestia. L'Alcorà instrueix tant als homes com a les dones a observar la modèstia en la seva vestimenta i comportament, com es veu a la Sura An-Nur (24:30-31), que instrueix als homes a abaixar la mirada i protegir la seva modèstia i a les dones a cobrir-se adequadament. .

A més, la neteja i la higiene personal són aspectes importants de l'etiqueta islàmica. Es recomana als musulmans que mantinguin la neteja del seu cos, roba i entorn. El profeta Mahoma va dir: "La neteja és la meitat de la fe" (Sahih Muslim). Aquesta dita reflecteix la importància de la neteja a l'Islam, tant en un sentit físic com espiritual.

Les maneres relacionades amb la comunicació també es destaquen a l'Islam. S'anima als musulmans a evitar les calúmnies, les calúmnies i les xafarderies, ja que aquests comportaments són perjudicials i poden provocar discòrdies. L'Alcorà adverteix contra aquest comportament a la Sura Al-Hujurat (49:12): "Oh, vosaltres que heu cregut, eviteu moltes suposicions [negatives]. De fet, algunes suposicions són pecat. I no us espieu ni us mossegueu mútuament. A un de vosaltres li agrada menjar-se la carn del seu germà quan mori. Aquest vers destaca la gravetat de les murmuracions i anima els musulmans a participar en una comunicació positiva i constructiva.

En resum, l'etiqueta i les maneres islàmiques engloben una àmplia gamma de comportaments i interaccions, guiades pels principis de respecte, bondat, honestedat i humilitat. Aquestes directrius, arrelades en els ensenyaments de l'Alcorà i l'Hadith, pretenen conrear un caràcter moral i ètic que reflecteixi la pròpia fe i contribueixi a una societat justa i harmoniosa. Ja sigui en les interaccions socials, el comportament personal o la conducta pública, els musulmans són animats a encarnar els valors de l'Islam a través dels seus costums, assegurant que les seves accions s'alineen amb els principis de decència, respecte i compassió.

Vida familiar

La vida familiar ocupa una posició central a l'Islam, ja que es considera la pedra angular d'una societat estable i harmoniosa. La unitat familiar, sovint coneguda com la base de la societat musulmana, és on les persones aprenen els valors, la moral i l'ètica que configuren el seu caràcter i conducta. Els ensenyaments islàmics proporcionen directrius integrals per establir i mantenir una família forta i sana, posant èmfasi en l'amor, el respecte, la responsabilitat mútua i el creixement espiritual.

L'Alcorà i l'Hadith estableixen funcions i responsabilitats específiques per a cada membre de la família, assegurant que la família funcioni com una unitat cohesionada i de suport. Aquests rols es consideren complementaris, i cada membre contribueix al benestar i al desenvolupament de la família. L'objectiu de la vida familiar a l'Islam no és només satisfer les necessitats físiques i emocionals, sinó també crear un entorn que nodreixi el creixement espiritual i afavoreixi una connexió profunda amb Déu.

El matrimoni és la base de la vida familiar a l'Islam. Es considera un contracte sagrat entre un home i una dona, destinat a proporcionar companyia, amor i suport mutu. L'Alcorà descriu el matrimoni com una font de tranquil·litat i misericòrdia, tal com s'indica a la Sura Ar-Rum (30:21): "I entre els seus signes hi ha que va crear per a vosaltres a partir de vosaltres mateixos companys perquè hi trobeu tranquil·litat; i Va posar entre vosaltres l'afecte i la misericòrdia, en efecte, hi ha senyals per a un poble que pensa. Aquest vers destaca el vincle emocional i espiritual que el matrimoni pretén fomentar, posant èmfasi en l'amor, la compassió i el respecte mutu.

En la tradició islàmica, els rols del marit i la dona estan clarament definits, però flexibles, permetent l'acord mutu i l'adaptació en funció de les circumstàncies individuals. El marit se sol veure com el proveïdor i protector de la família, responsable de garantir el benestar econòmic i físic de la seva dona i els seus fills. L'Alcorà instrueix als homes a la Sura

An-Nisa (4:34): "Els homes són els protectors i mantenen les dones perquè Al·là li ha donat més (força) a l'una que a l'altra, i perquè els donen suport amb les seves possibilitats". Aquest vers posa èmfasi en el deure dels homes de cuidar i protegir les seves famílies.

L'esposa, tradicionalment, és vista com la cuidadora i cuidadora principal, responsable de crear un entorn familiar amorós i solidari. Tanmateix, l'Islam també reconeix la importància dels drets i l'autonomia de les dones. S'anima a les dones a buscar educació, fer carreres professionals i participar en la vida pública, sempre que mantinguin les seves responsabilitats familiars i s'adhereixin als principis islàmics de modèstia i conducta. El profeta Mahoma va emfatitzar la importància de tractar les dones amb amabilitat i respecte, afirmant: "Els millors de vosaltres sou aquells que són els millors per a les seves dones" (Sunan al-Tirmidhi).

La relació entre marit i dona a l'Islam es basa en el respecte mutu, l'amor i la cooperació. S'espera que els dos socis es consultin en temes familiars, es donin suport en el seu creixement personal i espiritual i comparteixin responsabilitats per garantir el benestar de la família. L'Alcorà encoratja aquesta associació a la Sura Al-Baqarah (2:187), on descriu els cònjuges com a "vestiments" els uns per als altres, simbolitzant la protecció mútua, la comoditat i la intimitat.

Els nens tenen un lloc especial a la família a l'Islam. Es consideren una benedicció i una confiança de Déu, i els pares tenen la responsabilitat de criar-los amb amor, cura i una sòlida base moral. L'Alcorà subratlla la importància d'una bona criança a la Sura At-Tahrim (66:6): "Oh, vosaltres que heu cregut, protegiu-vos a vosaltres mateixos i a les vostres famílies d'un Foc el combustible del qual són les persones i les pedres". Aquest vers subratlla el deure dels pares de guiar els seus fills en qüestions de fe i moral, assegurant que creixin amb un fort sentit del bé i del mal.

El profeta Mahoma també va destacar la importància de mostrar bondat i compassió amb els nens. S'ha informat que va dir: "No és un de nosaltres que no mostri misericòrdia amb els nostres joves i respecte als nostres majors" (Sunan al-Tirmidhi). Aquest hadiz posa l'accent en la importància d'un entorn afectuós i amorós en el qual els nens puguin prosperar.

Els ensenyaments islàmics subratllen la importància de l'educació per als nens, tant en el coneixement religiós com en el món. S'anima als pares a ensenyar als seus fills sobre l'Islam, inclòs l'Alcorà, la vida del profeta Mahoma i els principis bàsics de la creença i la pràctica islàmiques. L'educació es veu com un mitjà per capacitar els infants perquè desenvolupin el seu potencial i contribueixin positivament a la societat. El profeta Mahoma va dir: "Buscar el coneixement és una obligació per a tots els musulmans" (Sunan Ibn Majah), destacant la importància de l'aprenentatge permanent per a tots els musulmans.

A més de l'educació, també s'ensenya als nens la importància del respecte pels seus pares i els seus grans. L'Alcorà mana que els nens siguin obesos amb els seus pares, especialment a mesura que envelleixen, a la Sura Al-Isra (17:23): "I el vostre Senyor ha decretat que no l'adoreu, excepte a Ell, i als pares, un bon tracte. un d'ells o tots dos arriben a la vellesa [mentre] amb vosaltres, no els digueu [tans com], 'uff', i no els rebutgeu, sinó que els digueu una paraula noble". Aquest vers subratlla la importància de tractar els pares amb amabilitat i respecte, reconeixent els seus sacrificis i esforços per criar els seus fills.

La família extensa també té un paper important en la vida familiar islàmica. L'islam fomenta mantenir vincles forts amb familiars, inclosos avis, ties, oncles i cosins. El concepte de *silat ar-rahim* , o mantenir els llaços familiars, és molt emfatitzat, ja que enforteix els vincles socials i crea un sentit de comunitat i suport mutu. El profeta Mahoma va dir: "Qui creu en Al·là i en l'últim dia, que mantingui els vincles de parentiu" (Sahih Bukhari). Aquest ensenyament subratlla la importància de la unitat familiar i l'obligació de suport i cura dels familiars.

En resum, la vida familiar a l'Islam es centra al voltant dels principis d'amor, respecte, responsabilitat mútua i creixement espiritual. El matrimoni és la base de la família, proporcionant un marc per a la companyia i el suport mutu. Els rols del marit, la dona i els fills estan clarament definits, però permeten flexibilitat i adaptació en funció de les circumstàncies individuals. Els nens es consideren una benedicció i una confiança de Déu, amb els pares encarregats de la seva educació moral i espiritual. La família extensa té un paper crucial en el manteniment dels vincles socials i el suport. A través d'aquests ensenyaments, l'Islam busca crear famílies fortes i sanes que contribueixin a una societat justa i harmoniosa.

El matrimoni a l'Islam

El matrimoni a l'Islam es considera un pacte sagrat, un vincle solemne i beneït que uneix dues persones en una associació dissenyada per proporcionar companyia, amor i suport mutu. No és només un contracte social sinó una unió espiritual que satisfà les necessitats tant físiques com emocionals, alhora que serveix de base per construir una família sòlida i estable i una societat cohesionada.

L'Alcorà i l'Hadith proporcionen una guia clara sobre la importància i la naturalesa del matrimoni, subratllant que és un aspecte fonamental de la vida humana. L'Alcorà descriu el matrimoni com una font de tranquil·litat, amor i misericòrdia, destacant la profunda connexió emocional i espiritual que hauria d'existir entre els cònjuges. A la Sura Ar-Rum (30:21), s'afirma: "I entre els seus signes hi ha que va crear per a vosaltres mateixos companys perquè hi trobeu tranquil·litat; i va posar entre vosaltres l'afecte i la misericòrdia. De fet, en això són senyals per a un poble que pensa". Aquest vers encapsula l'essència del matrimoni a l'Islam: una relació basada en l'afecte mutu, la misericòrdia i la pau.

El matrimoni també es considera un acte de culte a l'Islam. En casar-se, les persones segueixen la Sunna (tradició) del profeta Mahoma, que ell mateix estava casat i va animar els seus seguidors a casar-se com a mitjà per complir els seus desitjos naturals d'una manera legal i moral. El profeta Mahoma va dir: "El matrimoni és la meva Sunnah. Qui s'allunya d'ell no és de mi" (Sahih Bukhari). Aquest hadiz subratlla la importància del matrimoni com a part integral de la vida d'un musulmà, reflectint l'obediència als manaments de Déu i l'adhesió als ensenyaments del Profeta.

A l'Islam, els rols i les responsabilitats dins d'un matrimoni es defineixen per garantir una relació equilibrada i harmònica. El marit se sol veure com el proveïdor i protector de la família, responsable del benestar econòmic i físic de la seva dona i els seus fills. S'espera que tracti la seva dona amb amabilitat, respecte i equitat. L'Alcorà instrueix als homes a la Sura An-Nisa (4:19): "Oh, vosaltres que heu cregut, no us és lícit heretar dones per compulsió. I no els poseu dificultats per recuperar-les. part del que els has donat, tret que cometin una immoralitat clara i visquin amb bondat". Aquest vers destaca la importància del respecte mutu i la bondat en el matrimoni, condemnant qualsevol forma d'opressió o maltractament.

L'esposa, tradicionalment, és vista com la principal cuidadora i cuidadora dins la família. És responsable de crear un ambient familiar amorós i solidari i de criar els fills. Tanmateix, l'Islam també reconeix els drets i l'autonomia de les dones. S'anima a les dones a buscar educació, fer carreres professionals i participar en la vida pública, sempre que mantinguin les seves responsabilitats familiars i s'adhereixin als principis islàmics. El profeta Mahoma va emfatitzar la importància de tractar les dones amb cura i respecte, afirmant: "Els millors de vosaltres sou aquells que són els millors per a les seves dones" (Sunan al-Tirmidhi). Aquest ensenyament reforça la idea que un matrimoni reeixit es basa en la cura, el respecte i la comprensió mutus.

Un dels aspectes únics del matrimoni a l'Islam és el concepte de *mahr*, un regal obligatori que el nuvi fa a la núvia en el moment del matrimoni. El *mahr* és un símbol del compromís i la responsabilitat del nuvi envers la seva dona. És el seu dret exclusiu, i pot utilitzar-lo com vulgui. L'Alcorà estableix això a la Sura An-Nisa (4:4): "I doneu a les dones [en cas de casar-se] els seus regals [de núvia] amablement. Però si us renuncien voluntàriament a qualsevol cosa, aleshores preneu-ho amb satisfacció. i facilitat". El *mahr* subratlla la independència financera i els drets de l'esposa dins del matrimoni.

El consentiment és un component crucial d'un matrimoni islàmic. Tant la núvia com el nuvi han d'estar d'acord amb el matrimoni, i qualsevol forma de coacció o compulsió està estrictament prohibida. El profeta Mahoma va emfatitzar la importància de buscar el consentiment de la dona, afirmant: "Una dona prèviament casada té més dret a la seva persona que el seu tutor, i s'ha de demanar el consentiment d'una verge sobre ella mateixa" (Sahih Muslim). Aquest hadiz destaca l'autonomia i l'agència de les dones a l'hora d'escollir la seva parella de vida.

El matrimoni a l'Islam també és una qüestió d'associació i consulta. S'anima als cònjuges a prendre decisions junts, a recolzar-se mútuament en el seu creixement personal i espiritual i a compartir responsabilitats per garantir el benestar de la família. L'Alcorà advoca per la consulta entre els cònjuges a la Sura Al-Baqarah (2:233): "I si tots dos desitgen el deslletament mitjançant el consentiment mutu d'ambdós i la consulta, no hi ha cap culpa a cap d'ells". Aquest vers il·lustra la importància de la cooperació i l'acord mutu en els assumptes familiars, promovent un sentit de col·laboració i responsabilitat compartida.

El divorci, encara que està permès a l'Islam, es considera l'últim recurs i es desanima tret que s'hagin esgotat tots els esforços per reconciliar-se. L'Alcorà ofereix una guia detallada sobre el procés de divorci per assegurar-se que es porta a terme amb justícia i respecte. A la Sura An-Nisa (4:35), s'afirma: "I si temeu la dissensió entre tots dos, envieu un àrbitre del seu poble i un àrbitre del seu poble. Si tots dos desitgen la reconciliació, Al·là ho farà entre ells. De fet, Al·là sempre coneix i coneix totes les coses". Aquest vers fa èmfasi en la importància de buscar la reconciliació i la implicació dels membres de la família per mediar i resoldre conflictes abans de plantejar-se el divorci.

En resum, el matrimoni a l'Islam és una institució sagrada i significativa, dissenyada per satisfer les necessitats emocionals, físiques i espirituals alhora que proporciona una base per a una vida familiar estable i harmoniosa. Es basa en principis de respecte mutu, amor, associació i consulta. Els rols i les responsabilitats dels marits i dones són complementaris, garantint una relació equilibrada i de suport. El matrimoni es considera un acte d'adoració i un reflex de l'obediència als manaments de Déu, amb els dos cònjuges treballant junts per crear una unió amorosa, pacífica i espiritualment satisfactòria.

Estudis avançats de l'Alcorà

Els estudis avançats de l'Alcorà impliquen una exploració profunda i sistemàtica del seu text, temes, interpretacions i les ciències associades a la seva comprensió. Aquests estudis van més enllà de la lectura i la memorització bàsiques, aprofundint en les complexitats de les dimensions lingüística, teològica, legal i espiritual de l'Alcorà. Tant per als musulmans com per als estudiosos, l'Alcorà no és només una escriptura religiosa; és una guia integral per a la vida, una font de saviesa divina i un text que exigeix compromís i reflexió intel·lectual.

El primer pas en els estudis avançats de l'Alcorà és sovint l'estudi del *Tajweed* , les regles de pronunciació correcta i de recitació de l'Alcorà. Tajweed assegura que l'Alcorà es recita correctament, conservant la pronunciació i el ritme exactes tal com es va revelar al profeta Mahoma. El domini del Tajweed és crucial perquè els significats de l'Alcorà poden canviar segons la pronunciació. Per tant, els estudiants avançats passen un temps important perfeccionant la seva recitació sota la guia de professors experimentats.

Un compromís més profund amb l'Alcorà implica l'estudi de *Tafsir* , o exegesi coranique. Tafsir és la interpretació i explicació acadèmica de l'Alcorà. Implica comprendre el context en què es van revelar els versos (*Asbab al-Nuzul*), els matisos lingüístics, els significats previstos i com es relacionen els versos entre si i amb ensenyaments islàmics més amplis. La literatura clàssica de Tafsir, com les obres d'Ibn Kathir, Al-Tabari i Al-Qurtubi, són textos fonamentals en aquest camp. Aquests erudits van oferir un extens comentari sobre l'Alcorà, basant-se en l'hadith, les dites del profeta Mahoma i les idees dels companys del profeta.

Els estudis moderns de Tafsir sovint es relacionen amb temes contemporanis, examinant com els ensenyaments atemporals de l'Alcorà es poden aplicar als reptes moderns. Els estudiosos també poden comparar les interpretacions clàssiques amb les interpretacions contemporànies, buscant equilibrar la tradició amb la rellevància.

Aquest procés implica *l'Ijtihad* —raonament independent— on els estudiosos fan interpretacions informades que consideren els contextos canviants de la societat mentre es mantenen fidels als principis fonamentals de l'islam.

Una altra àrea crítica en els estudis avançats de l'Alcorà és *Ulum al-Qur'an* , les ciències de l'Alcorà. Això abasta diverses disciplines, incloent l'estudi de la compilació de l'Alcorà, la seva estructura, els diferents modes de recitació (*Qira'at*) i la preservació del seu text. Una de les ciències clau és l'estudi de *Nasikh wa Mansukh* , el concepte d'abrogació a l'Alcorà, on s'entén que determinats versos han estat substituïts per revelacions posteriors. Entendre aquest concepte és crucial perquè els estudiosos interpretin l'Alcorà amb precisió en qüestions legals i ètiques.

L'estudi lingüístic de l'Alcorà, conegut com a *Balagha* (retòrica), és un altre camp avançat que aprofundeix en l'eloqüència, l'estil i els aspectes literaris de l'Alcorà. El llenguatge de l'Alcorà es considera inimitable, i els seus dispositius retòrics, incloses metàfores, símils i al·legories, transmeten significats profunds i evoquen imatges poderoses. Els estudiants avançats de l'Alcorà analitzen aquestes característiques lingüístiques per descobrir les capes de significat i apreciar la bellesa literària de l'Alcorà. Aquest estudi sovint requereix coneixements de l'àrab clàssic, ja que la llengua de l'Alcorà és única i difereix dels dialectes moderns.

L'estudi del *Fiqh al-Qur'an* , o jurisprudència alcorànica, és essencial per als interessats en la llei islàmica. L'Alcorà és la font principal de la Sharia, i entendre els seus versos legals és fonamental per desenvolupar un marc legal complet. Els estudiosos d'aquest camp analitzen les ordres, manaments i prohibicions de l'Alcorà, tenint en compte els principis de *Maqasid al-Shariah* , els objectius de la llei islàmica, que inclouen la protecció de la fe, la vida, l'intel·lecte, el llinatge i la propietat. Aquest camp requereix una comprensió profunda tant de l'Alcorà com de l'Hadith, així com la capacitat d'aplicar aquestes fonts a qüestions legals contemporànies.

Els estudis alcorànics avançats també impliquen l'exploració dels ensenyaments ètics i espirituals de l'Alcorà. L'Alcorà s'adreça a l'ànima humana, oferint orientació sobre el comportament moral, el desenvolupament personal i el camí cap a la il·luminació espiritual. Els estudiosos i estudiants poden participar en *Tazkiyah* (purificació espiritual) i *Ihsan* (excel·lència en el culte), reflexionant sobre els ensenyaments de l'Alcorà per aconseguir una connexió més profunda amb Déu. Els versos de l'Alcorà sobre la paciència, la gratitud, la humilitat i la confiança en Déu s'estudien no només per les seves implicacions teòriques sinó per a l'aplicació pràctica a la vida diària.

L'estudi dels *miracles alcorànics* (I'jaz al-Qur'an) és una altra àrea fascinant, que explora les diverses formes de miracles de l'Alcorà, inclosa la seva inimitabilitat lingüística, les seves idees científiques i les seves prediccions d'esdeveniments futurs. Els estudiosos analitzen com l'Alcorà, revelat fa més de 1.400 anys, aborda els fenòmens naturals, els problemes socials i els dilemes ètics d'una manera que segueix ressonant amb el pensament científic i filosòfic modern. Aquest camp sovint implica una investigació interdisciplinària, que es basa en la ciència, la història i la teologia.

A més d'aquestes àrees, els estudis alcorànics avançats inclouen sovint estudis comparatius, on els estudiosos examinen com l'Alcorà interactua i es diferencia d'altres textos religiosos, com la Bíblia i la Torà. Aquest enfocament comparatiu ajuda a entendre les característiques úniques de l'Alcorà i el seu missatge universal, alhora que fomenta el diàleg i la comprensió entre les religions.

Finalment, els estudiants avançats de l'Alcorà es dediquen a *Tahqiq* : edició crítica i verificació de manuscrits clàssics. Aquesta activitat acadèmica implica garantir que l'Alcorà i els textos relacionats s'han transmès amb precisió a través de generacions. Requereix un examen minuciós dels manuscrits antics, creuar-los amb les còpies existents i resoldre qualsevol variació textual.

En resum, els estudis avançats de l'Alcorà són un esforç complet i polifacètic, que inclou l'estudi de la recitació, l'exegesi, l'anàlisi lingüística, la jurisprudència, l'ètica, l'espiritualitat i molt més. Aquests estudis tenen com a objectiu no només aprofundir en la comprensió de l'Alcorà, sinó també aplicar els seus ensenyaments a la vida personal i contribuir a la tradició intel·lectual islàmica més àmplia. Per a aquells que segueixen aquests estudis avançats, l'Alcorà es converteix no només en un text per llegir, sinó en un company i guia de tota la vida, que ofereix saviesa i orientació en tots els aspectes de la vida.

Estudis de Hadith

Els estudis de hadiz són un aspecte crucial de l'erudició islàmica, centrant-se en les dites, les accions i les aprovacions del profeta Mahoma. Aquests informes, coneguts com a *hadith* , són només per darrere de l'Alcorà en la seva importància dins la tradició islàmica. Proporcionen context, aclariments i aplicació pràctica dels ensenyaments de l'Alcorà, configurant la llei islàmica, l'ètica i les pràctiques diàries.

L'estudi dels hadiz implica una anàlisi exhaustiva de diversos aspectes d'aquests informes, inclosa la seva autenticitat, cadena de transmissió i contingut. Aquest camp d'estudi és essencial per entendre l'abast complet dels ensenyaments islàmics i garantir que les interpretacions de la guia del Profeta siguin precises i fiables.

Un dels elements fonamentals dels estudis de hadiz és la classificació dels hadith en categories en funció de la seva autenticitat. Els estudiosos van desenvolupar una ciència rigorosa per avaluar la fiabilitat dels hadith, que inclou examinar la cadena de narradors (*isnad*) i el text mateix (*matn*). La cadena de narradors s'escruta per assegurar-se que cada individu de la cadena era fiable, precís i tenia una memòria forta. El text s'analitza per a la seva coherència amb altres hadiz autèntics i l'Alcorà, així com la seva alineació amb els principis islàmics establerts.

Els hadits es classifiquen generalment en diverses categories: *Sahih* (autèntic), *Hasan* (bo) i *Da'if* (feble). *Sahih* hadith té una cadena contínua de narradors fiables i es consideren els més fiables. Els hadiz *Hasan* tenen una cadena generalment fiable, però pot tenir alguns problemes menors. *Da'if* hadith, sent feble, pot tenir problemes en la seva cadena o contingut, i el seu ús sovint és limitat en qüestions legals i teològiques.

Una altra àrea crítica en els estudis de hadith és l'examen del *Sihah Sittah* , les sis principals col·leccions de hadith compilades per destacats estudiosos. Aquestes col·leccions —*Sahih al-Bukhari* , *Sahih Muslim* , *Sunan Abu Dawood* , *Sunan at-Tirmidhi* , *Sunan an-Nasa'i* i *Sunan Ibn Majah* —representen les fonts d'hadith més respectades. Cada col·lecció té la seva metodologia per seleccionar i verificar els hadiz, reflectint els criteris i els enfocaments de l'autenticitat dels estudiosos.

A més de l'autenticitat, els estudis de hadiz impliquen entendre el context en què es van registrar les dites i les accions del Profeta. Això inclou l'exploració dels antecedents històrics, socials i culturals dels hadiz, que ajuda els estudiosos a interpretar-los correctament i aplicar-los a problemes contemporanis. Entendre el context també implica examinar les circumstàncies que envolten la revelació del hadiz, les interaccions del Profeta amb els seus companys i les normes socials de l'època.

L'estudi del hadith inclou també l'anàlisi de *Matn al-Hadith* , el contingut o text del hadith. Els estudiosos avaluen el contingut per la seva coherència amb altres hadiz coneguts i l'Alcorà. També avaluen si el hadiz aborda qüestions relacionades amb decisions legals, orientació ètica o conducta personal. L'objectiu és garantir que les interpretacions i aplicacions dels hadiz s'alineen amb els ensenyaments islàmics i contribueixen positivament a la fe i la pràctica dels musulmans.

L' *Ilm al-Hadith* , o la ciència de l'hadith, abasta diverses subdisciplines, incloent *Ilal* (l'estudi dels defectes ocults en els hadith), *Jarh wa Ta'dil* (l'avaluació de la fiabilitat dels narradors) i *Mustalah al-Hadith* (la terminologia i els principis de la classificació hadith). Aquestes disciplines proporcionen un marc per avaluar els hadiz i asseguren la integritat de la literatura hadith.

Els estudis de hadiz també impliquen l'examen de *Shuruh* (comentaris) sobre col·leccions de hadiz. Els estudiosos han escrit amplis comentaris sobre les principals col·leccions de hadiz, explicant els significats, els contextos i les implicacions dels informes. Aquests comentaris proporcionen informació valuosa sobre els hadiz i ajuden els musulmans a entendre i aplicar els ensenyaments del Profeta a les seves vides.

En resum, els estudis de hadiz són un camp complex i polifacètic que té un paper vital en la comprensió i l'aplicació dels ensenyaments islàmics. En examinar l'autenticitat, el context i el contingut dels hadiz, els estudiosos asseguren que la guia del profeta Mahoma es transmeti amb precisió i es practica fidelment. Aquest enfocament rigorós dels estudis de hadiz ajuda a preservar la integritat dels ensenyaments islàmics i proporciona una base per interpretar i aplicar la saviesa del Profeta en diversos aspectes de la vida.

Història islàmica

La història islàmica abasta més de catorze segles, i inclou l'ascens d'una civilització religiosa i cultural que ha modelat de manera significativa la història global. Està marcada per l'aparició de l'islam, la vida del profeta Mahoma, la difusió de la religió pels continents i el desenvolupament de diversos imperis i societats islàmiques.

La fundació de la història islàmica comença amb la vida del profeta Mahoma, que va néixer a la Meca cap a l'any 570 dC. La vida primerenca de Mahoma va estar marcada per la seva reputació d'honestedat i integritat, fet que li va valer el títol d' *Al-Amin* (el digne de confiança). A l'edat de 40 anys, va començar a rebre revelacions de Déu a través de l'àngel Gabriel, que després van ser compilades a l'Alcorà. Aquestes revelacions van desafiar les pràctiques politeistes de la Meca i van demanar el culte a un sol Déu, la justícia social i la reforma moral.

El missatge de Mahoma es va enfrontar a una important oposició de la tribu Quraysh a la Meca, que va provocar la persecució dels seus seguidors. L'any 622 dC, Mahoma i els seus seguidors van emigrar a Yathrib, més tard conegut com Medina, en un esdeveniment conegut com l' *Hègira* . Aquesta migració va marcar l'inici del calendari islàmic. A Medina, Mahoma va establir una comunitat musulmana i una constitució que va establir les bases per al govern islàmic i l'ordre social.

Durant la dècada següent, Mahoma va liderar els seus seguidors en diverses batalles i negociacions, consolidant l'estat musulmà. Cap al 630 dC, ell i els seus seguidors havien conquerit pacíficament la Meca, purificant la Kaaba dels seus ídols i restablint-la com un centre de culte monoteista. La mort de Mahoma l'any 632 va marcar el final del seu lideratge directe però va iniciar el període del *califat de Rashidun* .

El *califat de Rashidun* (632-661 dC) va ser dirigit pels quatre primers califes: Abu Bakr, Umar ibn al-Khattab, Uthman ibn Affan i Ali ibn Abi Talib. Aquest període es caracteritza per la ràpida expansió del territori islàmic més enllà de la península aràbiga, inclosa la conquesta de parts dels imperis bizantí i sasànide. El Califat també va estar marcat per lluites internes, inclosa la *Primera Fitna* (656-661 dC), una sèrie de guerres civils i conflictes polítics.

Després del califat de Rashidun, va sorgir el *califat omeia* (661-750 dC) sota el lideratge de la dinastia omeia. Els omeies van establir la seva capital a Damasc i van supervisar una major expansió territorial, que s'estenia des d'Espanya a l'oest fins a l'Índia a l'est. Aquest període va veure el desenvolupament d'una cultura islàmica i una estructura administrativa diferents, però també va estar marcat per un descontentament creixent entre diversos grups musulmans, que va portar a l'ascens del *califat abbàssida* .

El *califat abbàssida* (750-1258 dC) va succeir als omeies i va establir la seva capital a Bagdad. L'era abbàssida sovint es considera una època daurada de la civilització islàmica, caracteritzada per avenços significatius en la ciència, la filosofia, la medicina i les arts. El període va veure el floriment de la vida intel·lectual i cultural, amb estudiosos que van traduir textos grecs, perses i indis a l'àrab i van fer contribucions originals a diversos camps. No obstant això, el califat abbàssida finalment es va enfrontar a la fragmentació i la decadència, que va provocar l'ascens dels poders regionals.

La decadència del califat abbàssida va obrir el camí per a l'emergència de diverses dinasties i imperis islàmics. El *califat fatimita* (909-1171 d.C.), amb la seva capital al Caire, i l' *Imperi seljúcida* (1037-1194 d.C.) a Anatòlia, van ser actors importants en aquest període. El *sultanat mameluc* (1250-1517 dC) va governar Egipte i el Llevant i és conegut per la seva destresa militar i el patrocini de les arts i l'arquitectura.

L' *Imperi Otomà* (1299-1922 CE) és un dels imperis islàmics més influents de la història. Fundats per Osman I, els otomans van establir un vast imperi que abastava el sud-est d'Europa, Àsia occidental i el nord d'Àfrica. La capital de l'imperi va ser inicialment a Bursa, després

Edirne i finalment Constantinoble (Istanbul) després de la seva conquesta el 1453 d.C. Els otomans van presidir un període de notable estabilitat política, expansió militar i èxits culturals. El sistema administratiu de l'imperi, els codis legals i les innovacions arquitectòniques van deixar un llegat durador.

A l'era moderna, la decadència de l'Imperi Otomà i l'impacte del colonialisme europeu van provocar importants canvis polítics, socials i culturals al món musulmà. A principis del segle XX, es va produir la desintegració de l'Imperi Otomà i l'aparició de nous estats-nació a l'Orient Mitjà i al nord d'Àfrica. L'establiment de la República de Turquia el 1923, sota Mustafa Kemal Atatürk, va marcar un canvi significatiu del sistema del califat otomà a una república laica.

El període contemporani de la història islàmica es caracteritza per la lluita per l'estabilitat política, el desenvolupament econòmic i la reforma social en molts països de majoria musulmana. L'auge de l'islam polític, la difusió d'ideologies radicals i els conflictes en curs a l'Orient Mitjà han donat forma als esdeveniments actuals. Els esforços cap a la modernització i la reforma continuen mentre els països de majoria musulmana naveguen per les seves identitats postcolonials i busquen equilibrar la tradició amb el progrés.

En resum, la història islàmica és un tapís ric i complex que abasta més de catorze segles, que inclou l'ascens i la caiguda dels imperis, la difusió de les pràctiques religioses i culturals i l'evolució contínua del món musulmà. Des de la vida del profeta Mahoma i els primers califats fins a l'Imperi Otomà i els reptes contemporanis, la història islàmica reflecteix la naturalesa dinàmica i polièdrica d'una civilització que ha influït profundament en la història global i continua donant forma al present i al futur.

Llei islàmica (Xaria)

La llei islàmica, o *Sharia* , és un sistema legal i ètic complet derivat de l'Alcorà i l'Hadith (dites i accions del profeta Mahoma). Engloba una àmplia gamma d'aspectes, com ara el culte, la conducta personal, les relacions familiars, les transaccions comercials i la justícia penal. La Sharia serveix com a guia per als musulmans sobre com viure una vida que sigui agradable a Déu i en harmonia amb els principis de l'Islam.

La Sharia no és només un conjunt de lleis, sinó un sistema holístic que integra dimensions legals, morals i espirituals. Té com a objectiu defensar la justícia, l'equitat i el bé comú, reflectint la voluntat divina tal com s'articula en els ensenyaments islàmics. Les fonts principals de la Sharia són l'Alcorà i l'Hadith, que proporcionen els principis fonamentals i una guia detallada per a diversos aspectes de la vida.

La interpretació i aplicació de la Sharia impliquen diverses metodologies clau. El més significatiu és *l'Ijtihad* , o raonament independent, on els estudiosos apliquen principis derivats de l'Alcorà i l'Hadith a noves situacions i qüestions que no s'aborden explícitament en els textos primaris. Aquest procés permet l'adaptació de la llei islàmica a les circumstàncies canviants i les necessitats socials en evolució. Els estudiosos utilitzen *Qiyas* (analogia), *Ijma* (consens) i *Istihsan* (preferència jurídica) per prendre decisions legals informades i assegurar-se que les interpretacions segueixen sent rellevants i pràctiques.

La jurisprudència islàmica, o *Fiqh* , és la ciència d'interpretar i aplicar la Sharia. Es divideix en diverses escoles de pensament, cadascuna amb la seva metodologia i interpretació. Les quatre principals escoles de jurisprudència sunnites són les escoles Hanafi, Maliki, Shafi'i i Hanbali. Cada escola ha desenvolupat els seus propis principis legals i resolucions basades en l'Alcorà, Hadith i el consens dels primers estudiosos. L'Islam xiïta també té la seva pròpia tradició legal, sent l'escola Ja'fari la més destacada entre els musulmans xiïtes.

A més de les fonts primàries, l'aplicació de la Sharia implica la consideració de *Maslaha* (interès públic) i *Maqasid al-Shariah* (els objectius de la Sharia). Aquests conceptes asseguren que les resolucions legals serveixen al bé general i s'alineen amb els objectius superiors de preservar la fe, la vida, l'intel·lecte, el llinatge i la propietat. Centrant-se en aquests objectius, la Sharia busca promoure la justícia, l'equitat i el benestar de les persones i la societat.

La xaria engloba diversos aspectes de la vida personal i social. En la conducta personal, proporciona pautes per al comportament moral, inclosa l'honestedat, la integritat i el respecte als altres. Aborda qüestions com ara les lleis dietètiques, els codis de vestimenta i la higiene personal, posant èmfasi en la importància de la neteja i la modèstia.

En dret de família, la Sharia descriu els drets i les responsabilitats dels membres de la família, com ara el matrimoni, el divorci i l'herència. El matrimoni es veu com un vincle sagrat i la Sharia proporciona regulacions detallades sobre els drets i deures dels cònjuges, el procés de divorci i la divisió de l'herència. Els principis d'equitat i equitat són fonamentals en el dret de família, assegurant la protecció dels drets de tots els membres de la família.

En transaccions comercials i financeres, la Sharia promou una conducta ètica i prohibeix pràctiques considerades perjudicials o explotadores. Per exemple, *Riba* (usura) està estrictament prohibida i les transaccions s'han de fer de manera transparent i justa. La Sharia fomenta el comerç i el comerç alhora que posa èmfasi en l'honestedat i la integritat en els negocis financers.

El dret penal de la Sharia inclou disposicions per a diversos delictes, com ara robatori, adulteri i acusacions falses. Els càstigs tenen la intenció de ser justos i reformadors, amb l'objectiu de dissuadir el crim alhora que ofereixen oportunitats de penediment i rehabilitació. L'aplicació del dret penal sota la Sharia requereix sovint un alt nivell d'evidència i la consideració de factors atenuants.

Un dels reptes importants en l'aplicació de la Sharia és equilibrar les interpretacions tradicionals amb les qüestions contemporànies. A mesura que les societats evolucionen, l'aplicació de la Sharia ha d'abordar noves qüestions legals i ètiques que no estaven presents en els primers contextos islàmics. Això requereix una comprensió matisada tant de la lletra com de l'esperit de la llei, així com la voluntat de participar en una interpretació reflexiva i informada.

En els temps moderns, la implementació de la Sharia varia àmpliament entre diferents països i comunitats. Alguns països de majoria musulmana incorporen la Sharia als seus sistemes legals en diferents graus, sovint juntament amb lleis seculars. En altres, la Sharia s'aplica principalment en qüestions d'estatus personal, com ara el dret de família, mentre que els assumptes civils i penals es regeixen per la llei secular.

La diversa aplicació de la Sharia reflecteix l'adaptabilitat de la llei islàmica i la seva capacitat per satisfer les necessitats de les diferents societats mentre es manté fidel als seus principis fonamentals. Els estudiosos i els juristes continuen participant en debats i discussions sobre la millor manera d'aplicar la Sharia en contextos contemporanis, esforçant-se per garantir que la seva implementació segueixi sent justa, equitativa i alineada amb els valors fonamentals de l'Islam.

En resum, la llei islàmica, o Sharia, és un sistema integral que regeix diversos aspectes de la vida, com ara la conducta personal, les relacions familiars, les transaccions comercials i la justícia penal. Derivada de l'Alcorà i l'Hadith, la Sharia integra dimensions legals, morals i espirituals, amb l'objectiu de promoure la justícia, l'equitat i el bé comú. La interpretació i aplicació de la Sharia impliquen una sèrie de metodologies i principis, que reflecteixen la naturalesa dinàmica i evolutiva de la jurisprudència islàmica. A mesura que les societats canvien, la Sharia continua adaptant-se, esforçant-se per mantenir els seus valors fonamentals alhora que s'enfronta als reptes contemporanis.

Sufisme i espiritualitat

El sufisme, o *Tasawwuf* , representa la dimensió mística i espiritual de
l'Islam, centrant-se en l'experiència interior i personal de Déu. Destaca
el desenvolupament d'una relació profunda i personal amb el diví
mitjançant pràctiques que fomenten el creixement espiritual, la puresa
de cor i l'autoconsciència. El sufisme pretén transcendir el món material
i aconseguir una connexió directa i vivencial amb Déu, sovint descrit
com l'objectiu final del camí sufí.

Els orígens del sufisme es remunten als primers dies de l'Islam, on
l'èmfasi en la puresa interior i la devoció era part integral de la vida
del profeta Mahoma i els seus companys. Amb el temps, el sufisme va
evolucionar cap a una tradició diferent amb les seves pròpies pràctiques,
ensenyaments i estructures organitzatives. Els primers sufis eren
coneguts pel seu ascetisme, pietat i dedicació a les pràctiques espirituals
que tenien com a objectiu netejar l'ànima i apropar-se a Déu.

El concepte central del sufisme és *Ihsan* , que significa lluitar per
l'excel·lència en el culte i la conducta. El profeta Mahoma va descriure
Ihsan com si adorava Déu com si el veiés, i encara que no el veiés, sabent
que Déu els veu. Aquest sentit profund de consciència i presència
divina és un aspecte bàsic de l'espiritualitat sufí. Els sufis sovint
participen en pràctiques com *dhikr* (record de Déu), *salah* (oració) i
muraqabah (meditació) per conrear aquesta consciència i aprofundir
en la seva connexió espiritual.

El sufisme posa un fort èmfasi en la transformació interior del jo.
El viatge d'un sufí sovint es descriu com un procés de purificació i
autodescobriment, on un s'enfronta i supera l'ego, o *nafs* . L'objectiu
és aconseguir un estat d'il·luminació espiritual i proximitat a Déu,
caracteritzat per qualitats com la humilitat, l'amor i la compassió.
Aquesta transformació sovint és guiada per un mestre espiritual o
shaykh , que proporciona orientació, suport i saviesa al llarg del camí.

Un dels aspectes clau del sufisme és l'ús del simbolisme i la metàfora per expressar veritats espirituals. La literatura sufí és rica en obres poètiques i al·legòriques que transmeten profundes visions espirituals. Poetes sufís reconeguts com Rumi, Hafiz i Ibn Arabi han utilitzat la poesia per explorar temes de l'amor diví, la unitat i la recerca del significat espiritual. Els seus escrits sovint emfatitzen la idea de l'amor diví com una força transformadora que transcendeix les limitacions del món material i condueix a una comprensió més profunda de Déu.

El sufisme també implica pràctiques i rituals comunitaris que fomenten la connexió i la unitat espirituals. L'orde sufí, o *tariqa*, és una confraria espiritual que segueix un camí específic sota la guia d'un xeikh. Aquestes ordres sovint tenen pràctiques, ensenyaments i formes de culte diferents. Les pràctiques habituals inclouen recitacions grupals de dhikr, oracions comunals i reunions espirituals conegudes com *majalis*. Aquests rituals ajuden a enfortir els vincles entre els membres i faciliten la recerca col·lectiva del creixement espiritual.

El concepte d'amor diví, o *ishq*, és fonamental per a l'espiritualitat sufí. Els sufis creuen que l'amor a Déu és la força impulsora de tot esforç espiritual i que experimentar l'amor de Déu condueix a la veritable realització i alegria. Aquest amor s'expressa sovint mitjançant actes de devoció, compassió i servei als altres. Els sufis veuen l'amor com un mitjà per transcendir el jo i experimentar un profund sentit d'unitat amb allò diví.

El sufisme s'ha enfrontat a diversos reptes i crítiques al llarg de la seva història. Alguns estudiosos islàmics ortodoxos han vist certes pràctiques i creences sufíes com desviacions dels ensenyaments islàmics principals. Tanmateix, el sufisme també ha fet contribucions significatives al pensament, la cultura i la pràctica islàmiques. Ha jugat un paper vital en la propagació de l'Islam a diferents regions i ha influït en diversos aspectes de l'art, la literatura i la filosofia islàmiques.

En l'època contemporània, el sufisme continua prosperant i adaptant-se als contextos moderns. Moltes ordres i practicants sufís participen activament en el diàleg interreligiós, la justícia social i el servei comunitari. L'èmfasi del sufisme en la transformació interior i el creixement espiritual ressona amb les persones que busquen un significat i connexió més profunds en un món que canvia ràpidament.

En resum, el sufisme representa la dimensió mística i espiritual de l'Islam, centrant-se en l'experiència interna de Déu i la transformació del jo. Implica pràctiques com el record, la meditació i la poesia que tenen com a objectiu aprofundir la connexió espiritual i conrear l'amor diví. El sufisme té una rica tradició de pensament místic i pràctica comunitària, i continua oferint un camí d'exploració espiritual i creixement personal en el món modern.

Tractament de dubtes i preguntes

Fer front a dubtes i preguntes és un aspecte crucial del viatge d'un per abraçar i practicar l'Islam. Els dubtes i les preguntes poden sorgir de diverses fonts, ja siguin d'incerteses personals, de reptes externs o del procés d'integració de noves creences a la vida. Abordar aquests dubtes de manera efectiva implica una combinació d'introspecció, recerca de coneixement i implicació amb la comunitat musulmana més àmplia.

El primer pas per abordar els dubtes és reconèixer-los i acceptar-los com a part natural del procés de desenvolupament de la fe. Els dubtes no són intrínsecament negatius; poden ser una oportunitat per a una comprensió més profunda i una fe més forta si s'aborden de manera constructiva. L'Islam anima els cercadors a fer preguntes i buscar claredat com a part del seu creixement espiritual. Tant l'Alcorà com l'hadith subratllen la importància de buscar coneixement i comprensió, i molts estudiosos destacats han abordat diversos dubtes al llarg de la història islàmica.

Una manera eficaç d'afrontar els dubtes és a través de l'educació. Col·laborar amb fonts fiables de coneixement islàmic, com ara l'Alcorà, els hadits i les obres d'erudits de renom, pot proporcionar claredat i respondre moltes preguntes. És important apropar-se a aquestes fonts amb una ment oberta i amb ganes d'aprendre. Assistir a conferències, participar en cercles d'estudi i llegir llibres sobre teologia, jurisprudència i història islàmiques pot ajudar a construir una base sòlida i resoldre dubtes específics.

Consultar persones amb coneixements i experiència, com ara estudiosos, imams o mentors, també pot ser beneficiós. Aquestes persones poden oferir orientació, proporcionar context i abordar inquietuds específiques en funció de la seva experiència. Participar en un diàleg obert i respectuós amb membres coneixedors de la comunitat pot ajudar a aclarir idees errònies i proporcionar tranquil·litat.

Reflexionar sobre les experiències personals i el viatge espiritual és un altre aspecte important per fer front als dubtes. La reflexió personal permet als individus examinar les seves creences, valors i experiències a la llum dels ensenyaments islàmics. L'oració i la súplica (dua) poden ser eines poderoses per buscar orientació i consol. Demanar a Déu claredat i força per fer front als dubtes pot ajudar a alimentar la fe i resoldre les incerteses.

Entendre que el dubte forma part de l'experiència humana també pot proporcionar consol. Molts companys del profeta Mahoma i els primers estudiosos musulmans van experimentar dubtes i lluites en el seu viatge de fe. Les seves experiències i resolucions poden servir com a lliçons i exemples valuosos. Reconèixer que altres s'han enfrontat a reptes similars i han sorgit amb una fe reforçada pot ser encoratjador.

També és útil relacionar-se amb la comunitat musulmana més àmplia. Formar part d'una comunitat de suport pot proporcionar un sentiment de pertinença i tranquil·litat. Participar en activitats comunitàries, com ara oracions, grups d'estudi i esdeveniments socials, pot enfortir la connexió amb l'Islam i oferir oportunitats d'aprenentatge i suport. El sentit de la solidaritat i l'experiència compartida poden ajudar a alleujar els sentiments d'aïllament i incertesa.

Quan es tracten dubtes relacionats amb temes concrets o reptes contemporanis, pot ser útil buscar coneixements o perspectives especialitzades. Per exemple, si sorgeixen dubtes sobre certs aspectes de la llei islàmica, l'ètica o qüestions modernes, els experts consultors especialitzats en aquestes àrees poden oferir respostes detallades i informades. Aquest enfocament garanteix que les respostes estiguin ben fonamentades i rellevants per a les preocupacions específiques.

Finalment, és important abordar els dubtes i les preguntes amb paciència i perseverança. Construir i fomentar la fe és un procés continu, i és natural que les persones es trobin amb períodes d'incertesa.

Mantenir una actitud positiva, estar obert a l'aprenentatge i continuar buscant coneixement i orientació pot ajudar a afrontar aquests reptes.

En resum, tractar els dubtes i les preguntes és una part integral del viatge per abraçar i practicar l'Islam. Reconèixer els dubtes, buscar coneixement, consultar persones ben informades, reflexionar sobre experiències personals i relacionar-se amb la comunitat musulmana són estratègies efectives per abordar les incerteses. En abordar els dubtes amb paciència i voluntat d'aprendre, les persones poden enfortir la seva fe i aconseguir una major claredat i comprensió.

Tractament de l'oposició

Gestionar l'oposició, ja sigui de la família, dels amics o de la societat, és un repte comú al qual s'enfronten moltes persones que abracen l'Islam. Aquesta oposició es pot manifestar de diverses formes, incloent-hi l'escepticisme, la crítica o l'hostilitat total. Navegar per aquests reptes requereix paciència, resiliència i un enfocament reflexiu per gestionar i abordar les preocupacions de manera eficaç mentre es manté la fe i el compromís.

Un dels primers passos per gestionar l'oposició és comprendre la naturalesa de l'oposició. Reconèixer que l'oposició sovint prové d'una manca de comprensió, desinformació o valors i creences diferents. La gent pot respondre negativament a causa de la por a les nocions desconegudes o preconcebudes sobre l'islam. Abordar aquestes reaccions amb empatia i voluntat de participar en un diàleg constructiu pot ajudar a superar les llacunes i dissipar idees errònies.

La comunicació clara i oberta és crucial quan es tracta de l'oposició. Quan us enfronteu a preguntes o crítiques, aborda la conversa amb respecte i amb un comportament tranquil. Proporcionar informació precisa sobre l'Islam, explicar les creences personals i compartir aspectes positius de la fe pot ajudar a fomentar la comprensió. És important escoltar activament les preocupacions dels altres i abordar-les amb reflexió sense posar-se a la defensiva o confrontar-se.

També és essencial educar-se a fons sobre l'islam. Estar ben informat permet a les persones respondre a preguntes i crítiques amb confiança i claredat. Això inclou comprendre aspectes clau de les creences, pràctiques i història islàmiques. Tenir una base sòlida de coneixement permet abordar idees errònies i proporcionar informació precisa de manera eficaç.

Col·laborar amb xarxes de suport, com ara altres musulmans, líders comunitaris o mentors, pot proporcionar una orientació i un estímul valuosos. Aquestes persones poden oferir consells sobre com gestionar l'oposició, compartir les seves pròpies experiències i oferir suport emocional. Formar part d'una comunitat de suport ajuda a reforçar la pròpia fe i proporciona un sentit de solidaritat.

També és important demostrar els principis de l'Islam a través de les pròpies accions. Viure els valors de la bondat, la paciència i el respecte pot servir com un poderós testimoni de la fe. Les accions sovint parlen més que les paraules, i demostrar l'impacte positiu dels ensenyaments islàmics en la vida quotidiana pot contrarestar els estereotips negatius i ressaltar els valors de la compassió i la justícia.

Gestionar l'oposició de la família i els amics requereix sensibilitat i cura addicionals. Les relacions personals es poden veure profundament afectades per les diferències religioses, i navegar per aquestes dinàmiques requereix equilibrar les pròpies creences amb el manteniment de l'harmonia familiar. Les converses obertes i honestes amb els éssers estimats sobre el viatge de la fe poden ajudar a construir una comprensió mútua. És fonamental abordar aquestes discussions amb empatia, reconeixent les seves preocupacions alhora que expressa la pròpia perspectiva.

En alguns casos, pot ser necessari establir límits per protegir el benestar. Si l'oposició es torna excessivament dura o perjudicial, és important prioritzar la salut mental i emocional personal. Cercar orientació de líders o consellers de la comunitat pot proporcionar estratègies per gestionar les interaccions difícils i mantenir la tranquil·litat.

Les oracions i la súplica també són eines poderoses per gestionar l'oposició. Cercar força i guia de Déu pot proporcionar consol i claredat en moments difícils. Participar regularment en l'oració i les pràctiques espirituals ajuda a mantenir una sensació de pau interior i resolució.

En definitiva, gestionar l'oposició implica una combinació de paciència, educació, comunicació respectuosa i resiliència personal. En abordar l'oposició amb reflexió i demostrar els valors de l'Islam a través de les seves accions, les persones poden navegar per aquests reptes mentre es mantenen fidels a la seva fe. És important recordar que l'oposició és una experiència comuna i que la perseverança, juntament amb el suport d'una comunitat forta, pot ajudar a superar aquests obstacles i enfortir el camí de fe.

Mantenir la fe en un entorn no musulmà

Mantenir la fe en un entorn no musulmà pot ser una experiència desafiant però gratificant. Sovint implica navegar per les diferències culturals, enfrontar-se a malentesos i mantenir-se fidel a les pròpies creences mentre es relaciona amb una comunitat diversa. Aquí hi ha algunes estratègies i idees per preservar la pròpia fe en aquestes circumstàncies.

Una de les principals maneres de mantenir la fe és mitjançant el compromís personal i la disciplina espiritual. Establir una pràctica coherent de les oracions diàries, llegir l'Alcorà i participar en la reflexió personal ajuda a enfortir la connexió amb Déu i reforçar els principis religiosos. Aquesta disciplina personal proporciona una base sòlida i resiliència davant les pressions externes.

Construir una xarxa de suport és crucial. Connectar-se amb altres musulmans, ja sigui a través de mesquites locals, centres islàmics o comunitats en línia, pot oferir estímul i solidaritat. Aquestes connexions proporcionen un sentiment de pertinença i un espai per compartir experiències, buscar consell i obtenir suport per mantenir les pràctiques religioses.

L'educació sobre la pròpia fe és un altre aspecte clau. Conèixer les creences, les pràctiques i la història islàmiques ajuda les persones a respondre amb confiança a preguntes o reptes. Aquest coneixement no només ajuda a aclarir idees errònies, sinó que també reforça la convicció personal. Participar en cercles d'estudi, assistir a conferències i participar en debats amb persones coneixedores pot aprofundir encara més en la comprensió.

Crear un equilibri entre les pràctiques religioses i la vida quotidiana és essencial. Implica trobar maneres pràctiques d'observar les obligacions religioses alhora que s'acomoden a la realitat de viure en un entorn no musulmà. Per exemple, trobar moments i espais adequats per a les oracions, preparar menjar halal i observar el dejuni durant el

Ramadà, fins i tot en un context no musulmà, són aspectes importants per mantenir la fe.

La comunicació eficaç és clau quan es tracta de diferències culturals i religioses. Explicar les pròpies creences i pràctiques d'una manera respectuosa i clara pot ajudar a fomentar la comprensió i reduir els malentesos. Educar els altres sobre l'islam pot dissipar estereotips i generar respecte mutu.

També és important practicar la paciència i la resiliència. Afrontar reptes o trobar-se amb prejudicis requereix un fort sentit de força interior i perseverança. Adoptar els ensenyaments de l'Islam sobre la paciència i la resiliència ajuda a mantenir l'atenció en els objectius espirituals i a superar les dificultats.

Mantenir la fe en un entorn no musulmà implica equilibrar els compromisos religiosos amb les interaccions socials. És essencial respectar les creences dels altres mantenint-se ferm en els propis valors. Participar en un diàleg interreligiós i participar en activitats comunitàries pot promoure el respecte i la comprensió mutus, demostrant els aspectes positius de l'Islam.

En resum, mantenir la fe en un entorn no musulmà implica una combinació de compromís personal, construir xarxes de suport, educar-se i equilibrar les pràctiques religioses amb la vida diària. Mitjançant una comunicació eficaç, paciència i resiliència, les persones poden navegar pels reptes de viure en un context divers mentre es mantenen fidels a la seva fe.

Formació continuada i creixement

L'educació contínua i el creixement personal són essencials per nodrir i aprofundir la fe i la comprensió de l'Islam. Aquest viatge continu d'aprenentatge i desenvolupament enriqueix la vida espiritual, enforteix la pràctica religiosa i millora la capacitat d'un per contribuir positivament a la comunitat. Adoptar un compromís amb l'aprenentatge i el creixement al llarg de la vida implica diverses estratègies i enfocaments.

En primer lloc, participar en l'estudi regular de l'Alcorà i l'Hadith és fonamental. Aprofundir en la comprensió de les fonts primàries de l'Islam ajuda a comprendre els ensenyaments bàsics i les seves aplicacions a la vida quotidiana. La recitació, la reflexió i l'estudi periòdics d'aquests textos, amb la guia d'erudits de renom o grups d'estudi, milloren la comprensió i fomenten la connexió espiritual.

També és important ampliar el coneixement a través de la literatura islàmica i la beca. La lectura de llibres i articles escrits per estudiosos respectats sobre temes com la teologia, la jurisprudència, la història i l'espiritualitat proporciona valuoses idees i perspectives. Assistir a conferències, seminaris i tallers pot facilitar encara més l'aprenentatge i exposar-se a diferents punts de vista de la tradició islàmica.

Participar en programes formals d'educació islàmica és una altra via de creixement. La inscripció a cursos oferts per universitats islàmiques, plataformes en línia o institucions educatives locals pot proporcionar un aprenentatge estructurat i un rigor acadèmic. Aquests programes sovint cobreixen una àmplia gamma de matèries, inclosos estudis islàmics avançats, religió comparada i qüestions contemporànies, contribuint a una educació completa.

A més dels estudis religiosos tradicionals, és valuós el desenvolupament personal i les habilitats per a la vida. Aprendre sobre el lideratge, la comunicació i la resolució de conflictes pot millorar la capacitat d'un per servir als altres i contribuir a la comunitat de manera eficaç. La integració d'aquestes habilitats amb els principis islàmics pot ajudar a fomentar relacions positives i abordar els reptes contemporanis.

La implicació amb la comunitat musulmana més àmplia mitjançant treballs voluntaris i projectes de serveis ofereix experiència pràctica i creixement personal. Contribuir a iniciatives benèfiques, participar en la divulgació comunitària i donar suport a les causes de justícia social s'alineen amb els valors islàmics i ofereixen oportunitats per tenir un impacte significatiu.

Mantenir les pràctiques espirituals i l'autoreflexió és crucial per al creixement continu. L'oració regular, la meditació i la reflexió sobre les pròpies accions i intencions ajuden a avaluar el progrés i abordar les àrees de millora. La recerca de comentaris de mentors o guies espirituals també pot proporcionar informació i orientació valuosa.

Mantenir-se informat sobre els problemes i els reptes contemporanis del món musulmà i més enllà ajuda a aplicar els ensenyaments islàmics als contextos actuals. La implicació amb els esdeveniments actuals, la comprensió de la dinàmica sociopolítica i l'exploració de com els principis islàmics poden abordar els problemes moderns contribueixen a una pràctica més informada i rellevant de la fe.

Adoptar la diversitat dins de la tradició islàmica també és important. Aprendre de diferents escoles de pensament, pràctiques culturals i interpretacions amplia la perspectiva i fomenta un enfocament més inclusiu de la fe. La interacció amb musulmans de diferents orígens i tradicions pot enriquir la comprensió i l'apreciació de la comunitat musulmana global.

En resum, l'educació i el creixement continus impliquen un enfocament polifacètic que inclou l'estudi regular dels textos islàmics, l'ampliació del coneixement a través de la literatura i l'educació formal, el desenvolupament d'habilitats personals i per a la vida, la participació en el servei comunitari i el manteniment de pràctiques espirituals.

Seguint aquestes vies, les persones poden aprofundir en la seva fe, millorar la seva comprensió de l'Islam i contribuir positivament tant al seu desenvolupament personal com a la comunitat en general.

Persones famoses que es van convertir a l'Islam

Al llarg de la història, moltes persones notables de diversos camps han abraçat l'Islam, aportant els seus orígens i experiències diverses a la seva nova fe. Les seves conversions sovint reflecteixen viatges personals de descobriment i transformació espiritual, i han contribuït significativament al món musulmà i més enllà. Aquí hi ha algunes figures destacades que s'han convertit a l'islam:

Una de les figures més conegudes és Malcolm X, nascut Malcolm Little. La seva conversió a l'Islam i el seu posterior pelegrinatge a la Meca van ser moments clau en la seva vida. El viatge de Malcolm X des d'una vida de crim fins a convertir-se en un destacat líder dels drets civils i ministre musulmà és un testimoni del poder transformador de la fe. La seva autobiografia i els seus discursos continuen inspirant a molts amb el seu missatge de justícia racial, redempció personal i despertar espiritual.

Un altre convertit destacat és Muhammad Ali, el llegendari boxejador conegut pels seus èxits esportius i la seva posició oberta en temes socials. La conversió d'Alí a l'islam als anys 60 va ser un esdeveniment important a la seva vida, que va marcar un canvi de la seva identitat anterior com a Cassius Clay. La seva acceptació pública de l'islam i la seva defensa de diverses causes socials van ajudar a elevar la visibilitat dels musulmans a Amèrica i van cridar l'atenció sobre qüestions de raça i religió.

Cat Stevens, ara conegut com Yusuf Islam, és un músic britànic que es va convertir a l'islam als anys setanta. La seva carrera musical, marcada per èxits com "Wild World" i "Peace Train", li va guanyar fama internacional. Després de la seva conversió, Yusuf Islam es va allunyar de la indústria musical per centrar-se en l'educació, la filantropia i la seva nova fe. Les seves contribucions a causes benèfiques i els seus esforços per promoure el diàleg interreligiós reflecteixen el seu compromís amb els valors islàmics.

Una altra figura destacada és Linda Sarsour, una activista palestinoamericana i defensora de la justícia social. Coneguda pel seu treball en l'organització i lideratge de moviments com la Marxa de les Dones, l'activisme de Sarsour està profundament arrelat a la seva fe musulmana. Els seus esforços per abordar qüestions com la injustícia racial, la igualtat de gènere i els drets dels immigrants l'han convertit en una veu destacada en la política i la defensa social nord-americana.

En l'àmbit de la literatura i l'acadèmia, destaca el difunt Muhammad Asad, nascut originàriament Leopold Weiss. Asad va ser un jueu convertit a l'Islam que es va convertir en un erudit i escriptor respectat. Les seves obres, com ara "El camí cap a la Meca" i "El missatge de l'Alcorà", han fet contribucions significatives al pensament islàmic i a la comprensió de l'Islam al món occidental. El seu viatge de periodista a estudiós islàmic il·lustra el profund impacte que pot tenir la conversió en la vida intel·lectual i espiritual.

Aquestes persones, entre moltes altres, demostren els diversos camins que porten a abraçar l'Islam i l'ampli impacte que les seves conversions han tingut en les seves vides personals i en el món en general. Les seves històries reflecteixen com la fe pot inspirar la transformació i impulsar els individus a fer contribucions significatives en diversos àmbits, des de la justícia social i l'activisme fins als esports i les arts.

Conclusió

El viatge de convertir-se a l'islam és una experiència profundament personal i transformadora, marcada per un profund compromís per adoptar noves creences, pràctiques i una forma de vida. Aquest viatge implica no només un despertar espiritual sinó també un procés continu d'aprenentatge, creixement i adaptació. Des d'entendre els principis bàsics de l'Islam i participar amb els seus rituals i pràctiques fins a navegar pels reptes de viure en un entorn no musulmà i abordar l'oposició, cada pas és un testimoni de la dedicació i la fe.

Abraçar l'Islam requereix un compromís profund amb els seus ensenyaments, inclosos l'Alcorà i l'Hadith, i un compromís amb el desenvolupament personal i espiritual. Implica reconèixer la importància dels cinc pilars de l'Islam (fe, pregària, dejuni, caritat i pelegrinatge) com a fonamentals per a la pràctica i la comprensió de la religió. A través d'aquests pilars, els conversos troben un camí estructurat cap al culte i la connexió amb Déu.

A més, el procés de conversió a l'islam sovint implica fer front a reptes externs, com ara l'oposició de la família o la societat, i lluites internes, incloent dubtes i preguntes. Fer front a aquests reptes amb paciència, resiliència i un enfocament reflexiu ajuda a enfortir la fe i la resolució. Participar en l'educació contínua, mantenir les pràctiques espirituals i buscar el suport de la comunitat musulmana són crucials per superar aquests obstacles i garantir un viatge de fe satisfactori i resistent.

Les experiències de notables conversos a l'islam posen de manifest els diversos orígens i les transformacions personals que comporta l'adopció de la fe. Aquestes històries serveixen d'inspiració i demostren el profund impacte que pot tenir la conversió en la vida d'un individu i la seva capacitat per contribuir de manera significativa a diversos camps i comunitats.

En conclusió, el viatge de la conversió a l'islam és una experiència tant personal com comunitària. És un camí de fe, creixement i compromís que requereix dedicació, reflexió i compromís actiu amb els ensenyaments de l'Islam. Mitjançant la perseverança i l'aprenentatge continu, els conversos poden afrontar els reptes, acceptar plenament la fe i contribuir positivament tant a la seva vida personal com a la comunitat musulmana més àmplia.